AF613385

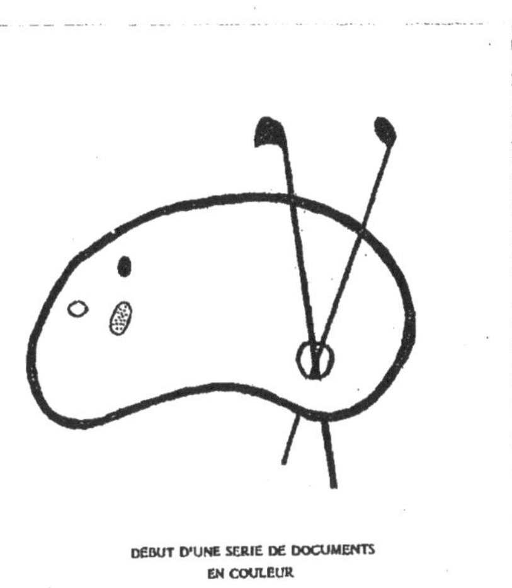
DÉBUT D'UNE SERIE DE DOCUMENTS
EN COULEUR

Couverture inférieure manquante

COMITÉ DUPLEIX

26, rue de Grammont

En Afrique australe et à Madagascar

par

HENRI GINDRE

Préface de M. Arthur MAILLET

PARIS
AUGUSTIN CHALLAMEL, ÉDITEUR
RUE JACOB, 17
Librairie maritime et coloniale
1897

50 centimes.

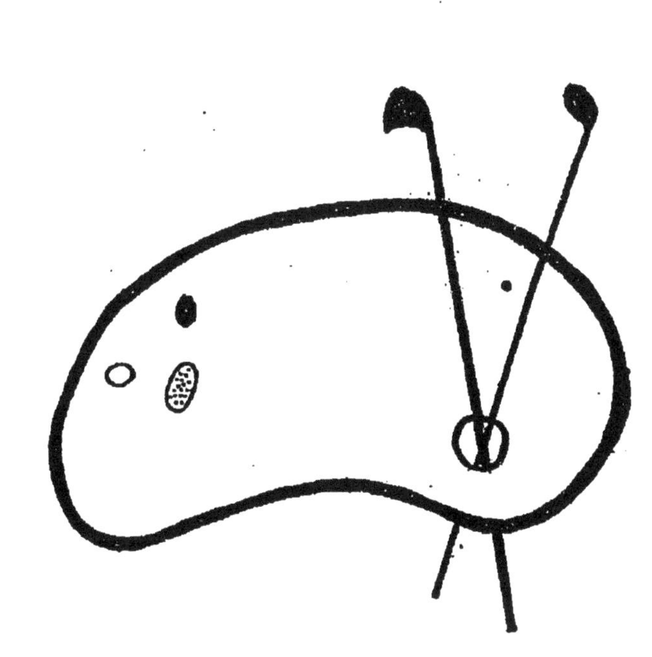

FIN D'UNE SERIE DE DOCUMENTS
EN COULEUR

En Afrique australe
et
à Madagascar

TYPOGRAPHIE FIRMIN-DIDOT ET Cie. — MESNIL (EURE). — 6579

COMITÉ DUPLEIX

26, rue de Grammont

En Afrique australe

et

à Madagascar

par

HENRI GINDRE

Préface de M. Arthur MAILLET

PARIS

AUGUSTIN CHALLAMEL, ÉDITEUR

RUE JACOB, 17

Librairie maritime et coloniale

1897

PRÉFACE

La *France Extérieure* vient de terminer la publication d'un récit de voyage en Afrique Australe et à Madagascar sur lequel je me permets d'attirer l'attention à cause des renseignements très intéressants qu'il contient, et aussi à cause de la personnalité de son auteur, qui est le fils d'un fabricant de soie lyonnais. M. Henri Gindre, à l'âge où les jeunes gens de sa caste ne songent guère qu'au plaisir, s'est embarqué pour courir le monde. Il n'était pas poussé par le désir de parcourir des territoires nouveaux et d'aller au-devant d'aventures héroïques ou amusantes. Son but était plus modeste. Il voulait tout bonnement faire un voyage d'études agricoles. Au premier abord cela paraît tout simple et ne mériter guère qu'une mention. Et pourtant, si l'exemple de M. Henri Gindre était suivi par un grand nombre de jeunes Français, son voyage pourrait bien marquer la fin de nos gaspillages coloniaux et le début d'une ère de force et de prospérité.

S'il est une vérité qui n'est contestée par personne, c'est que notre infériorité actuelle, au point de vue commercial comme à bien d'autres, vient surtout de ce que nous n'avons plus le courage de sortir de notre pays. Nos habitudes casanières ne présentèrent pas de grands inconvénients aussi longtemps que la France fut le marché du monde entier et que son monopole ne fut pas menacé. Le prestige de nos articles était si considérable que nos négociants n'avaient qu'à attendre les clients ou les commandes. La fortune venait les trouver dans leurs boutiques.

Mais des concurrents nous vinrent en la personne des Américains et des Allemands. Ces peuples non seulement ont cessé de s'approvisionner chez nous, mais ils ont entrepris, avec une ardeur qui nous remplit chaque jour d'étonnement, la conquête de nos débouchés extérieurs. Depuis de longues années déjà ils étaient à la besogne sans que nul de nous s'en doutât. C'est seulement quand les sources de notre richesse commerciale furent taries que nous nous aperçûmes que d'autres les avaient détournées à leur profit. Et alors nous nous en prîmes à tout le monde excepté à nous-mêmes, les seuls coupables.

Nos consuls eurent à subir les plus amers reproches. On voulut les rendre responsables de tout le mal. Certes, ils sont loin, en bien des cas, d'être ces agents actifs, intelligents et profondément patriotes que l'Angleterre possède sur tous les points du globe. Mais on doit reconnaître que depuis pas mal d'années, la plupart ont poussé de nombreux cris d'alarme. Il n'est pas un de leurs rapports qui n'en soit rempli : « Les Allemands, les Anglais, écrivent-ils, nous arrivent de toute part, ils nous inondent de leurs produits. Nous ne voyons pas de Français. » Ces avertissements sont restés sans effet sur l'âme molle de nos compatriotes, qui ressemblent assez à des gens ayant perdu l'usage de leurs jambes, par suite d'une longue inaction, et à qui tout à coup on crierait de courir. Le conseil est plus facile à donner qu'à suivre.

Au Comité Dupleix, nous n'avons pas tardé à nous pénétrer de cette situation et à penser qu'il fallait considérer comme sacrifiée la génération actuellement maîtresse des destinées de la France. Elle ne fut pas préparée pour les luttes présentes et elle y est impropre. Mais en même temps nous avons pensé que nous avions pour devoir de lui faire reconnaître son erreur et d'obtenir d'elle qu'elle élevât ses enfants mieux qu'elle ne l'a été, c'est-à-dire qu'elle leur donnât une éducation exactement en rapport avec les nouveaux besoins. Tous nos efforts ont porté là-dessus et certains signes nous montrent que nous avons vu juste. Le voyage de M. Henri Gindre est un de ces signes.

Au point de vue de l'avenir de nos colonies, l'exode des jeunes Français appartenant à la classe industrielle riche est absolument indispensable, car sans lui aucun système, aucun sacrifice ne sauraient avoir d'utilité.

Parmi les candidats à la vie coloniale, il en est de jeunes, d'énergiques, qui avant d'entreprendre une affaire pour leur compte personnel ont le louable désir de faire un stage dans une maison française. Ils nous demandent de la leur indiquer. Mais le nombre de ces maisons est si restreint, elles sont si peu prospères que nous ne pouvons, dans la plupart des cas, déférer à leur désir.. Il nous en coûte profondément de décourager ces précieuses bonnes volontés.

Lorsqu'un certain nombre de jeunes industriels ou agriculteurs n'ayant pas craint, à l'exemple de M. Henri Gindre, de faire des voyages d'études et de recherches à leurs frais, se seront installés dans nos colonies et y auront créé des maisons prospères, ce jour-là notre colonisation aura des cadres et les apprentis colons trouveront près d'eux l'appui qu'actuellement ils réclament si inutilement. Ils se formeront ainsi à la vie coloniale et deviendront à leur tour des agents actifs de notre prospérité. C'est la méthode anglaise, et l'on sait quels résultats elle donne.

A l'installation dans nos colonies de jeunes Français instruits, riches, bien apparentés, je trouve un autre avantage non moins considérable. Elle ferait cesser les mille abus administratifs ou financiers dont elles souffrent. On ne pourrait en effet traiter les plaintes de tels colons avec le même sans-gêne que celles des pauvres diables qui seuls jusqu'à ce jour se sont expatriés. Les ministres et les députés devraient compter avec eux et leur donner satisfaction, car hors de France, ils contracteraient entre autres qualités l'énergie, qui est devenue si rare chez les habitants de la vieille métropole et ils sauraient obtenir les réformes nécessaires. Nos fonctionnaires coloniaux, eux aussi, devraient abandonner leurs détestables errements. Ce serait vraiment l'ère nouvelle qui s'ouvrirait, l'ère si impatiemment attendue de la mise en valeur intelligente et pratique de nos richesses.

Nous avons la conviction que le voyage de M. Henri Gindre ne restera pas un fait isolé, et c'est pourquoi nous lui attribuons pareille importance. Déjà nous connaissons des jeunes gens qui s'apprêtent à suivre son exemple. Quand il y en aura seulement dix ou quinze qui auront parcouru le monde et se seront installés dans nos colonies, nous pourrons être sans inquiétude sur notre avenir. L'élan sera donné et ces dix ou quinze énergies en feront naître des centaines d'autres.

Arthur MAILLET.

EN AFRIQUE AUSTRALE

ET A MADAGASCAR

Avant de commencer le récit de mon voyage dans l'Afrique Australe et à Madagascar, je tiens à adresser tous mes remerciements à M. Bonvalot, le sympathique explorateur que vous connaissez tous, et au Comité Dupleix qu'il a fondé et qu'il dirige avec tant de dévouement. C'est grâce à M. Bonvalot et grâce au Comité Dupleix, que j'ai pu obtenir une mission du Ministère de l'Agriculture, et du Ministère des Affaires Étrangères des lettres de recommandation qui m'ont énormément facilité l'étude des différentes questions agricoles que je voulais entreprendre dans les divers pays que j'ai visités.

Je m'embarquai le 1er mai 1896 à Southampton pour le Cap. Dix-sept jours après notre départ, et après une courte escale à Madère, cette ravissante petite île perdue au milieu de l'Océan, nous entrions dans la baie de la Table, en vue de la ville du Cap.

Cape-Town. — Dominé par la montagne de la Table, qui borne l'horizon et encadré d'un autre côté par la mer, Cape-Town offre au soleil levant un spectacle féerique qu'on ne retrouve que dans les villes d'Orient.

La ville a été si souvent décrite par les nombreux visiteurs qui s'y sont rendus que je n'essaierai pas de le faire de nouveau. On y trouve quelques beaux monuments; sa population bariolée et ses rues larges, propres et sillonnées de cabs blancs à cochers noirs sont du plus pittoresque aspect.

Les environs. — Les environs surtout sont dignes d'intérêt. Le soir, à l'heure où finissent les affaires, la ville se dépeuple et les habitants se hâtent de regagner leurs cottages où ils trouveront, avec l'air pur de la campagne, de frais ombrages et des jardins garnis de fleurs.

De chaque côté de la ville et de la montagne de la Table, c'est un immense parc parsemé de jolies villas. Il semble que l'art et la nature aient uni leurs efforts pour faire de cette péninsule du Cap un séjour enchanteur. Toutes les merveilles de l'Afrique Australe y sont groupées comme dans une miniature et on peut facilement s'en faire une idée exacte par une promenade circulaire autour de la montagne de la Table.

La route qui se dirige vers Sea-point, en longeant de jolies villas, suit la côte et fait une série de lacets. D'un côté, la vue embrasse l'Océan bordé par une plage de rochers où viennent se briser des vagues aux couleurs changeantes ; de l'autre, elle est dominée par une suite de collines et de rochers aux formes fantastiques tantôt dénudés et tantôt tapissés de plantes garnies de fleurs : bruyères, géraniums, etc...

La route quitte ensuite la côte, coupe la ligne de montagnes et bientôt domine Houts-bay, ravissante petite crique, semblable à un lac d'Écosse, environnée de rochers à pics, avec une plage de sable blanc.

De Houts-bay, elle se dirige sur Constantia. Les sites sauvages sont abandonnés et l'on traverse une vallée fertile, parsemée de petites fermes où sont cultivés avec soin la vigne et les arbres fruitiers.

Le retour au Cap se fait par les jolis villages de Wynberg, Rondebosh et Claremont. La route devient une longue avenue plantée de chênes séculaires et de pins géants. Elle descend en pente douce sur la ville au milieu d'une forêt de verdure qui abrite les riches demeures des notabilités de la Colonie.

Climat. — Dès l'arrivée au Cap, la pureté du ciel, la limpidité et la légèreté de l'air qu'on respire donnent une idée de ce que doit être le climat. En fait, c'est un des plus sains du monde et, depuis quelques années, les médecins anglais y envoient bon nombre de leurs malades, qui viennent y puiser de nouvelles forces et guérir leurs poumons fatigués par les brouillards de l'Angleterre.

Un grand nombre de petites villes de l'Afrique du Sud, soit sur la côte Ouest, soit dans la région des plateaux nommée là-bas « Karroo »; sont considérés comme des « health's resorts » et leurs hôtels garnis de malades qui viennent y faire des cures d'air.

Rien d'étonnant qu'avec cette température merveilleuse dont la moyenne oscille entre 18 et 20° et avec une quantité suffisante d'humidité, la végétation soit aussi belle et que le sol se prête à tous les genres de culture.

Le Cap. — Malgré ces conditions favorables le Cap, au point de vue agricole, est resté longtemps stationnaire. Exploité à l'origine par son ancien maître, la Compagnie hollandaise des Indes, non pour sa propre valeur, mais pour assurer la bonne marche de colonies plus lointaines, il prit l'habitude de se suffire à lui-même; les colons ne s'y arrêtèrent pas et le Cap ne fut connu que des touristes, des chasseurs et des missionnaires.

De plus, même après son transfert à l'Angleterre, le Cap fut longtemps entre les mains des anciens émigrés hollandais et français connus là-bas sous le nom de Boers, d'une civilisation arriérée de plusieurs siècles et hostiles à toute idée de progrès. Vivant à la façon des anciens patriarches, sans travail et sans besoins, les Boers se contentaient de faire cultiver par les Hottentots quelques coins de blé, un peu de vigne et des fruits pour leur propre consommation; tout le reste était en friche. Pas de barrières, pas de bornes entre les voisins; des moutons et des chèvres pour les besoins de la famille et quelques bœufs.

Le Boer voulait-il se déplacer? Il chargeait sur un chariot un sac de viande, du café, quelques marmites, attelait ses bœufs prenait son fouet et sa carabine et partait. Il faisait chaque jour une trentaine de kilomètres à travers la plaine, s'arrêtant où bon lui semblait, partout chez lui et vivant de sa chasse, car le veldt regorgeait de gibiers de toutes espèces, petits et gros. Pas de travail forcé, jamais un essai d'amélioration; se laisser vivre en jouissant d'un soleil et d'un climat merveilleux, tel était son but.

Le percement de l'Isthme de Suez, en ouvrant une nouvelle route vers l'Australie et les Indes, enlevait encore au Cap une de ses sources de richesses et lui fermait pour ainsi dire le monde extérieur.

Réveil de l'Afrique du Sud, grâce à la découverte des mines. — Cet état de choses aurait pu durer longtemps encore si les richesses minières qu'on découvrit depuis quelques années dans l'Afrique du Sud n'étaient venu mettre ce pays en lumière et y attirer, en même temps que des chercheurs d'or et de diamants, des colons de toute espèce.

Aujourd'hui, la situation agricole du Cap est superbe. La Colonie au lieu de n'avoir à songer qu'à sa propre subsistance, est devenue le pourvoyeur des deux grands centres miniers de l'Afrique du Sud, Johannesburg et Kimberley. La culture du blé s'est développée dans d'énormes proportions, le bétail s'est multiplié et toutes les industries agricoles ont suivi la même impulsion.

De plus, les moyens de transport entre l'Angleterre et la Colonie étant devenus de plus en plus nombreux et rapides, le Cap s'est vu ouverts les marchés d'Europe et bientôt il aura ceux d'Amérique.

Département d'agriculture, facilités données aux colons. — Le gouvernement de la Colonie, comprenant l'importance de développer les ressources agricoles du pays, a créé récemment un Département de l'agriculture qui se tient en contact avec les fermiers, les aide et les conseille dans les améliorations à apporter à leurs industries diverses. Des écoles d'agriculture théoriques et pratiques ont été établies dans divers centres, à Stellenbosh, Sommerset-East et Grahams'-town.

C'est auprès des fonctionnaires de ce Département de l'agriculture, tous d'une grande compétence et d'une complaisance inépuisable, que j'ai pu prendre avant la visite du pays, quelques notions générales sur ses différentes cultures et ses diverses productions. Tout nouveau colon est sûr de trouver auprès d'eux de sages avis et des conseils empressés. Plusieurs vétérinaires, des chimistes, des ingénieurs, des spécialistes en botanique et bactériologie, sont toujours à sa disposition. Des conseils sur l'emploi des machines perfectionnées, sur le moyen d'irriguer les terres lui seront données gratuitement.

De plus, le gouvernement a installé de divers côtés des pépinières d'arbres fruitiers et des fermes modèles. Ces pépinières cèdent aux colons des semences sélectionnées et des plants d'arbres améliorés.

Des engrais organiques provenant de dépôts de guanos trouvés dans les îles près de la côte sont livrés au cultivateur à des prix de moitié inférieurs à ceux qu'ils atteindraient en Europe. Enfin la banque de l'État prête sur hypothèque jusqu'aux cinq sixièmes du prix d'acquisition de la terre en donnant mille facilités au nouvel acquéreur pour se libérer dans la suite.

Le Pays Sud de la Colonie. — Au point de vue de son appropriation aux diverses cultures, la Colonie du Cap se divise en plusieurs régions assez distinctes. C'est d'abord le Sud de la Colonie, la région de la Côte bordée par une ceinture de montagnes parallèles à la mer. Elle présente des sites très variés, de nombreuses vallées coupées par des collines et parsemées de coquets villages.

Le sol s'élève ensuite graduellement jusqu'à la limite de l'immense plateau qu'on appelle « Karroo ». Le premier échelon de montagnes, le « Draenstein Range », contient les riches vallées où se trouvent les centres agricoles de Stellenbosh, Paarl, Ceres, Hex River et enfin Worcester. C'est de toute l'Afrique Australe le point le plus cultivé; partout où l'œil peut s'étendre, ce ne sont que champs de blé, vignobles et vergers au milieu desquels se dressent les maisons blanches à l'aspect confortable des fermiers.

Toutes ces villes anciennes qui datent de deux siècles au moins ont gardé le cachet et l'empreinte des huguenots français et hollandais qui les ont construites. Les rues droites et perpendiculaires les unes aux autres, toutes semblables et ombragées par des chênes vénérables, sont bordées de maisons isolées à l'air antique. Ornées d'un côté d'une terrasse, ces maisons sont suivies de l'autre d'un vaste jardin; ce jardin se continue le plus souvent par des vergers et des vignobles qui donnent d'abondantes récoltes.

Centre. — En avançant vers l'Est, l'horizon est bientôt

coupé par une chaîne de rochers appelés « Langebergen », qui sépare d'une autre vallée renommée par ses cultures de céréales et de fruits, et un des principaux centres de l'élevage de l'autruche. Le sol y est partout irrigable et produit jusqu'à deux récoltes par an; c'est là que se trouvent les districts de Ladismith, Uniondale et Ousdsthorn.

Nord de la Colonie. — Plus au Nord de ces diverses régions et en s'élevant encore on atteint le « Karroo », plaine immense où l'œil s'étend à perte de vue sur un paysage toujours le même, où l'on peut voyager des journées entières sans rencontrer de villages. Parsemé de buissons courts et d'une herbe rare pendant la saison sèche, il change d'aspect dès l'arrivée des pluies et se couvre d'une végétation luxuriante.

La transformation est presque magique et ces étendues d'herbe brûlée se changent en parterres de fleurs et en tapis de verdure. Le sol, du reste, est le même que celui des plaines de Worcester et de Oudsthorn où tout, grâce à l'eau, pousse comme par enchantement. C'est bien le cas de dire qu'il contient partout la « fertilité à l'état latent »; la sécheresse seule le rend infécond pendant une partie de l'année, et dès qu'il est arrosé il pousse de superbes récoltes. Il est parcouru par des troupeaux immenses de bœufs, de moutons et d'autruches.

Est. — Si enfin on s'avance plus à l'Est dans la Colonie, on rencontre les terrains et le climat appropriés à la culture des plantes tropicales : comme fruits, les ananas, les bananes, etc.; comme grande culture, le thé, le café et la canne à sucre.

Régime des pluies. — Une des particularités remarquables de l'Afrique du Sud et qui joue un grand rôle au point de vue agricole, c'est la répartition et, on peut dire, le régime des pluies. Le Cap est ce que les Anglais appellent un « Monsoon country ». L'Ouest, grâce aux courants venant de l'Océan Atlantique, reçoit son maximum de pluie en hiver tandis que l'Est, grâce au voisinage de l'Océan Indien, le reçoit en été. La saison des pluies dans l'Est est toutefois coupée en deux, une partie ayant lieu au printemps en novembre, l'autre à l'automne en février.

Culture dans l'Ouest. — Avec leurs pluies d'hiver, les

provinces de l'Ouest conviennent merveilleusement aux cultures d'Europe : céréales, vignes, arbres fruitiers. Les étés, suffisamment chauds et secs, amènent toutes les plantes à bonne maturité, et la régularité du climat produit dans les rendements des diverses cultures des résultats d'une constance et d'une régularité remarquables.

Culture dans l'Est. — Dans l'Est, au contraire, les grosses pluies d'été, et parfois la grêle, nuisent à la maturité du raisin, produisent la coulure de la vigne et amènent la rouille des céréales. C'est plutôt la contrée des riches élevages et des cultures tropicales.

Le blé. — Les centres de production du blé sont les districts de l'Ouest et principalement ceux de Malmesbury, Piquestberg, Caledon et Oudsthorn. Les ensemencements commencent en général en avril; après les premières pluies. Ils sont faits à la volée et les grains enterrés par un hersage. La récolte a lieu en octobre et jusqu'en décembre, suivant les saisons. Elle se fait en général au moyen de moissonneuses-lieuses, celles de Wood, Hornsby et Johnston étant les plus employées. Quand les terrains sont trop durs, on se sert de moissonneurs indigènes qui sont payés de 2 fr. 50 à 3 fr. par jour.

Les rendements en blé varient, suivant les terrains, de 10 à 25 pour un. Cela ne fait en général que 15 à 40 boisseaux à l'hectare, car on ne met que 30 à 40 kilogr. de semence.

Le blé du Cap est entièrement consommé dans la Colonie et ne suffit même pas aux besoins de la contrée, aussi atteint-il des prix assez élevés. Il est en général supérieur comme qualité à ceux d'Europe et d'Australie.

Les terres qui conviennent à cette culture valent en moyenne de 100 à 200 fr. l'hectare, suivant leur richesse et leur situation.

Dans les conditions actuelles la culture du blé au Cap ne semble pas présenter des avantages suffisants pour tenter les capitaux français.

Céréales-fourrage. — Les autres céréales cultivées au Cap sont l'orge et l'avoine fourrage. Elles sont en général semées assez épais et fauchées encore vertes, avant la maturité du grain. On les fait sécher et on les donne aux chevaux dont elles font la base de la nourriture. Même dans les villes, ce sont, avec le maïs en grain, les seuls fourrages employés.

Maïs. — Le maïs est cultivé surtout dans les pays de l'Est soumis au protectorat anglais. Grâce aux pluies abondantes de l'été, il donne de grosses récoltes et sert à l'alimentation des indigènes et des animaux.

Les Cafres font aussi pousser du millet qu'on nomme là-bas blé cafre et dont ils se nourrissent dans certaines régions.

Culture des fruits. — Au Cap, la culture qui semble devoir donner les meilleurs résultats, grâce aux conditions de sol, de climat et aux nombreux débouchés, tant intérieurs qu'extérieurs, ouverts ces dernières années, c'est la culture de la vigne, celle des fruits et celle des légumes. De tous les pays du monde, le Cap est certainement le mieux approprié à ces cultures. Le temps est généralement beau et quelques journées de pluie, de temps en temps, permettent aux jeunes racines et aux jeunes pousses de prendre un développement rapide et régulier. L'été quoique sec est parfois rafraîchi par de courts orages et si la chaleur du jour est un peu forte, les nuits sont d'une fraîcheur délicieuse. Aussi tous les fruits d'Europe, pêches, poires, prunes. raisins, abricots, oranges et citrons et bien d'autres, viennent-ils à merveille.

Le débouché en est immense; outre le marché local, les centres miniers de Johannesburg et Kimberley s'approvisionnent largement dans la Colonie. Des vagons frigorifiques, construits spécialement pour le trafic des fruits, circulent constamment sur la ligne du Cap.

Le Cap a en outre l'avantage de ses saisons qui arrivent à l'inverse de celles de l'Europe, l'été correspondant à notre hiver et réciproquement. Il s'ensuit que les producteurs du Cap peuvent envoyer sur les marchés d'Europe des fruits de première qualité en plein hiver, c'est-à-dire au moment où les consommateurs sont décidés à payer des prix fabuleux.

Soigneusement emballés dans des caisses remplies de son, les fruits voyagent dans les vagons frigorifiques dont j'ai parlé, attendent leur embarquement au Cap dans des entrepôts spéciaux et aménagés à cet effet. Enfin les compagnies de navigation leur ont organisé des chambres à glace dans leurs paquebots et ils arrivent à Londres dans un parfait état de conservation.

Aussi les prix payés en gros sont plus que rémunérateurs pour les producteurs; c'est déjà de 80 à 100 fr. le cent pour les pêches, 50 à 80 fr. pour les poires; les raisins sont vendus de 1 fr. 50 à 2 fr. la livre. C'est en mai et en juin, en pleine saison mondaine que que les cours sont le plus élevés et déja quelques producteurs avisés se sont organisés pour planter des espèces tardives, surtout pour les raisins.

Ces débouchés seraient déjà suffisants, mais à côté de cette consommation énorme à fournir, le producteur du Cap a encore à alimenter des milliers de fabriques de confitures et de conserves. Déjà tous les centres de production en possèdent un grand nombre qui réalisent de beaux bénéfices. Beaucoup se créeront encore et emploieront tout le surplus de la production, et surtout tous les fruits tarés ou de qualité inférieure et qui ne peuvent être expédiés au loin.

Le nouveau colon qui voudra tenter la culture des fruits au Cap devra donc presque forcément réussir. La seule chose à lui demander sera la connaissance technique de la culture qu'il va entreprendre. La plantation, les greffages, la taille, la connaissance des diverses maladies qui peuvent survenir aux arbres et des remèdes à leur apporter demandent une pratique consommée et une habileté réelle. La réussite sera aussi beaucoup une question de soins et là plus qu'ailleurs le succès attend le colon vigilant qui surveille tout lui-même.

Un avantage de cette culture est de pouvoir se faire sur une petite échelle ; elle peut être tentée par un colon qui ne dispose que de faibles capitaux. Au bout de quelques années il les aura certainement beaucoup augmentés.

J'ai visité une petite exploitation de 18 hectares, tout entière en verger. Le produit brut des ventes avait été l'année précédente de 46.375 francs laissant un revenu net de 27.250 francs ou 1.500 francs environ à l'hectare. Toutefois le prix des terres où les fruits peuvent se cultiver est assez élevé; il varie de 500 à 1.500 francs l'hectare. Une fois plantée et en rapport, une ferme de fruits peut même atteindre les prix de 3.000 et 4.000 francs l'hectare. Depuis un an, une puissante société s'est formée là-bas; elle achète des terrains encore disponibles et bien appropriés, les défriche, les plante et crée en quelque sorte de petites fermes avec espoir de les revendre lorsqu'elles seront en plein rapport.

La main-d'œuvre indigène est assez habile, et les noirs arrivent à savoir assez bien tailler et même greffer.

Ce court exposé peut donner une idée de l'avenir superbe réservé à la culture des fruits au Cap. Il n'en est pas là-bas comme d'un pays nouveau, où un nouveau genre de culture est à essayer.

Tout semble au contraire devoir faciliter la tâche du nouvel arrivant : conseils donnés par le département d'agriculture pour le choix de la terre et le prix à payer; proximité de la ligne de chemin de fer; leçons expérimentales données par les planteurs déjà installés; pépinières organisées où l'on peut trouver de suite les divers plants des espèces les plus demandées et convenant le mieux au pays, facilités pour l'irrigation données par l'ingénieur de ce service, quelquefois même avances de fonds de sa part; engrais nécessaires fournis à des prix très bon marché.

Le producteur n'a même qu'à faire pousser sa récolte sans s'occuper des emballages ni des expéditions. Déjà des spécialistes achètent en gros tous les fruits dans certains centres, les trient et les expédient à leurs risques et périls. La grande habitude qu'ils ont de cette manipulation assure la régularité dans les expéditions et la bonne arrivée sur les différents marchés.

Les résultats obtenus ces dernières années devraient tenter les capitaux même français, si ces capitaux n'avaient instinctivement peur de toute entreprise agricole quelle qu'elle soit.

A côté de cette culture spéciale, il y a aussi toute une région vinicole où se récoltent les fameux vins du Cap dont la réputation quoique surfaite est universelle. Les principaux crus sont ceux de Constance, Hermitage, Pontac et Drakenstein. Leur consommation est presque entièrement locale; mais ils atteignent des prix élevés et leur culture est des plus rémunératrices.

Les vignes sont plantées en général à raison de 10.000 pieds à l'hectare. Les rendements moyens sont de 86 hectolitres dans les districts de Constance et de Stellembosh et atteignent même le chiffre fabuleux de 176 hectolitres dans les districts de l'intérieur tels que Oudsthorn et Worcester.

Élevage. — Les parties de la colonie où ces cultures spéciales sont possibles sont relativement faibles, comparées aux espaces immenses où les conditions climatériques ne permettent guère que l'élevage du bétail. Les différentes espèces de bétail élevées là-bas sont les moutons, les bêtes à cornes, les chevaux et les autruches.

Moutons. — Les moutons qu'on élève au Cap sont, les uns, d'une race indigène très rustique et convenant bien aux maigres pâturages du « Karroo », les autres, et surtout dans la proximité des villes, des mérinos dont la viande a plus de valeur. Certains éleveurs ayant reconnu l'importance des races pures et sélectionnées ont fait venir, ces dernières années, quelques reproducteurs de Rambouillet.

Les fermes du « Karroo » où se fait l'élevage des moutons sont en général très vastes et le nombre ordinaire des bêtes à laine est de 3.000 à 5.000. Plusieurs fermes possèdent même jusqu'à 8 et 10.000 moutons.

La tonte se fait en général trois fois en deux ans et les moutons sont gardés jusqu'à l'âge de trois et quatre ans.

Autrefois le lavage de la laine était fait à dos des moutons, mais les difficultés provenant le plus souvent de la rareté de l'eau ont fait abandonner ce système. Presque partout maintenant la laine est lavée après la tonte dans de vastes laveries situées près des centres où l'eau est abondante. A Port-Elisabeth, un des centres du commerce de la laine, on compte jusqu'à neuf de ces laveries, toutes mues par la vapeur.

L'élevage des moutons, autrefois très rémunérateur, le devient de moins en moins. L'avilissement du prix de la laine causé par la concurrence énorme faite par le coton d'abord et aussi par les autres pays producteurs de laine, comme l'Australie, en est la raison.

Bêtes à cornes. — A côté des moutons les bêtes à

cornes sont encore un important objet d'élevage dans l'Afrique du Sud.

Autrefois, la seule race était une race indigène très osseuse et très rustique, élevée par les Cafres et les Hottentots. Depuis un certain nombre d'années, beaucoup de producteurs de races pures hollandaises et anglaises ont été importées; ils ont puissamment contribué à améliorer cette race indigène et l'ont rendue plus laitière. Aujourd'hui, il n'est pas rare de voir des vaches donner jusqu'à 15 et 20 litres de lait par jour.

Outre la production de la viande, les bêtes à cornes sont beaucoup employées comme bêtes de traits. Le seul mode de locomotion dont on se servait autrefois était le wagon, immense chariot couvert à l'arrière et traîné par huit ou dix paires de bœufs; maintenant encore il est très usité. Ces énormes maisons roulantes servent au transport des produits de la ferme et souvent encore au transport du fermier et de sa famille.

Autruches. — Enfin un autre élevage dont le Cap a la spécialité et presque le monopole, c'est celui des autruches. C'est depuis 1870 surtout qu'on est parvenu à domestiquer ces oiseaux, autrefois absolument sauvages, et à faire éclore les œufs dans des couveuses artificielles. En quelques années, le nombre des autruches domestiquées monta de 80 à 2.000. Il y eut une belle période pour cet élevage, qui fut pendant un temps des plus rénumérateurs. Un couple de reproducteurs de choix se vendait alors jusqu'à 5.000 francs.

La surproduction amena rapidement une baisse considérable dans la valeur des plumes, qui tombèrent tout à coup de 50 0/0. Les oiseaux du coup baissèrent énormément de valeur et bien des éleveurs furent ruinés. Ce fut un coup fatal porté à cette industrie, qui depuis est restée stationnaire. Le prix des plumes varie maintenant de 10 à 20 francs la livre, suivant les qualités.

Oudsthorn, avec ses terres facilement irrigables, où la luzerne pousse de belles récoltes, est un des coins le mieux appropriés à l'élevage des autruches.

Aucun spectacle n'est plus curieux pour un étranger que celui d'une ferme d'autruches. Elle se compose d'une série d'enclos hauts de 2 mètres, aménagés pour un certain nombre d'oiseaux du même âge, et au milieu desquels se trouvent des abris.

Quand une couvée est élevée artificiellement, elle est confiée dès l'éclosion à un Cafre qui en prend soin comme de ses enfants, donne à chaque oiseau sa nourriture : luzerne coupée et grains, conduit le troupeau aux champs et le ramène le soir au bercail.

Les coqs sont souvent fort méchants ; ils peuvent étendre un homme à terre et le blesser grièvement d'un coup de leurs pattes armées d'un énorme éperon de corne. On se sert, pour se protéger contre eux, de bâtons garnis d'épines que l'ont tient à hauteur de leurs yeux quand ils font mine de vous attaquer.

La période d'incubation des œufs par les parents dure six semaines ; le coq et la poule se relaient, le coq couvant la nuit et la poule le jour. Une particularité curieuse à noter : les petits ne peuvent briser leur coquille avec leur bec et c'est le père qui se charge de l'opération. Il choisit une pierre d'une certaine grosseur, l'élève dans ses serres et la laisse retomber sur les œufs.

La cueillette des plumes se fait en général une fois par an.

Mode de transport dans la colonie. — Comme moyen de transport, le plus pratique et le plus employé dans la colonie est le « cape-cart ». C'est une immense charrette à deux roues à laquelle on met deux et souvent même quatre chevaux. C'est un mode de locomotion charmant : il permet de jouir du paysage, de s'arrêter où bon vous semble et de descendre toutes les fois qu'une compagnie de perdreaux, de faisans ou de pintades est en vue.

Très abondants dans certaines parties, ces oiseaux volent peu loin et courent plutôt dans les bruyères. Comme la plaine se déroule le plus souvent à perte de vue devant soi, il arrive qu'on peut, en poursuivant une compagnie de perdreaux ou de faisans, les relever et les tuer tous successivement jusqu'au dernier.

Fréquemment aussi on aperçoit de loin quelques antilopes, busch-buchs ou rey-buchs qui vous contemplent curieusement. On peut alors prendre sa carabine et tirer après avoir longuement visé, mais le plus souvent la balle ne sert qu'à les effrayer et le troupeau part en bondissant pour disparaître bientôt derrière un repli de terrain.

Les routes malheureusement ne sont souvent qu'imaginaires et au bout d'une journée en cape-cart à travers le Veldt on a les membres rompus.

A chaque pas on rencontre des sortes de ravins appelés « kloof », à sec pendant la saison sèche, mais vrais torrents pendant la saison des pluies. Quelquefois aussi ce sont de larges rivières qu'il faut passer à gué et, pour peu que les pluies aient grossi un peu le courant, c'est un travail assez difficile.

Aussi est-ce avec un certain plaisir que je prenais un beau jour le train qui devait m'emmener à travers l'interminable Karroo vers Kimberley, la ville des diamants.

L'impression qu'on retire de cette immensité du Karroo est plutôt triste, surtout à la fin de l'hiver, au moment où l'herbe sèche a été brûlée partout pour lui permettre de repousser plus vite dès l'arrivée des pluies. Il semble qu'on traverse un pays mort et désolé.

Kimberley. — Kimberley se trouve en plein désert du Karroo. C'est une ville bizarrement construite, avec des maisons basses presque toutes en tôles ondulées.

On ne retrouve plus là le bel alignement des rues des anciennes villes de l'Afrique. Les maisons posées çà et là, au gré de leur caprice, par les premiers chercheurs de diamants venus s'installer près des mines, sont restées à la même place et le provisoire est devenu définitif. Seuls, les nouveaux quartiers de la ville construits récemment par le fameux Cécil Rhodes pour loger les employés européens, offrent le cachet de confortable anglais. On y retrouve les jolis cottages environnés de jardins et de verdure.

Rien n'est curieux à visiter comme ces fameuses mines de diamants avec leurs puits d'une profondeur inouïe. Partout règne une organisation merveilleuse et presque militaire. Les noirs sont embrigadés et immatriculés comme des forçats. Ils vivent dans d'immenses « compounds » où les compagnies pourvoient à leur entretien et d'où ils n'ont aucune communication avec l'extérieur afin d'éviter les vols de diamants. Ils ne sortent de ces compounds que pour descendre dans les mines où ils se relaient de huit heures en huit heures.

La puissante compagnie de Beers consolidated, qui comprend actuellement toutes les anciennes mines en exploitation, est souveraine maîtresse de la ville et des environs où elle a même sa police secrète.

Fermes boers. — Mais la description des mines m'entraînerait trop loin et sort un peu de mon sujet. Je profitai de mon séjour à Kimberley pour visiter quelques-unes des fermes d'élevage de l'État d'Orange, fermes immenses de 5 à 6.000 hectares au moins où des troupeaux énormes de chevaux, de moutons et de bœufs errent en liberté et à moitié sauvages.

De tous les pays de l'Afrique Australe, l'État d'Orange est celui où l'élevage des chevaux réussit le mieux. Ils sont en général vigoureusement constitués, élégants de forme et solides. Quelques fermiers même ont tenté avec succès l'élevage du pur-sang et leurs élèves ont déjà remporté des victoires sur les hippodromes de Johannesburg, de Cape-Town et de Durban.

Les fermes de Boers, soit au Free-State, soit au Transvaal, sont presque toutes du même modèle, et, si elles sont assez curieuses à visiter, il est peu intéressant d'y séjourner longtemps. Elles se composent d'une grande maison d'habitation généralement de style hollandais presque toujours sale à l'extérieur et ornée à l'intérieur avec le plus parfait mauvais goût : des meubles grossiers et disparates, et, contre les murs, quelques peintures aux couleurs vives et criardes ou des chromolithographies comme on en trouve en France dans les auberges de village.

Les fermiers. — Les bâtiments d'exploitation sont à peu près nuls et le mobilier aratoire aussi succinct que possible.

Du reste, les fermiers boers sont en général des gens grossiers, sales et mal élevés. Durs avec les noirs qu'ils traitent en esclaves, ils sont les ennemis jurés des Anglais et en général de tous les étrangers qu'ils considèrent comme des envahisseurs. Leur religion, qu'ils poussent jusqu'au fanatisme, ne va pas jusqu'à leur inspirer l'humilité ni la charité chrétiennes. Ils sont loin de vous offrir cette hospitalité si large dont on parle quelquefois. Tout visiteur est pour eux un intrus qu'ils dévisagent avec le plus grand sans-gêne et accablent de questions indiscrètes sans souvent répondre au salut qui leur est adressé.

A tous les points de vue enfin ils sont en retard d'un siècle sur la civilisation européenne, ne veulent rien faire pour rattraper le temps perdu et sont hostiles à toute idée de progrès.

Dernièrement il était question au parlement de Johannesburg d'instituer un département d'agriculture et de créer une école d'agriculture au Transvaal. La motion fut rejetée à une forte majorité, sous prétexte que ce serait faire injure aux fermiers boers et supposer qu'ils ne savaient pas tout ce qu'ils devraient savoir.

Un autre fait encore peint bien le caractère de la race. Un des membres du parlement, ayant lu par hasard dans un journal qu'il était question d'expérimenter au Transvaal un procédé capable de produire artificiellement la pluie, proposa à l'assemblée d'interdire toute expérience de ce genre, car ce serait, disait-il dans son langage imagé « porter un doigt sacrilège dans l'œil du Tout-Puissant ».

C'est à grand'peine que la colonie du Cap obtint de prolonger le chemin de fer du Cap jusqu'à Johannesburg en traversant l'État d'Orange. Il fallut concéder au gouvernement boer des avantages pécuniaires énormes. Les Boers sont loin en effet de dédaigner l'argent et je ne crois pas qu'il y ait de pays au monde où les étrangers soient aussi pressurés que dans les deux républiques Sud-Africaines.

Toute la force des Boers réside dans leur patriotisme qui les a faits, à plusieurs reprises, lutter victorieusement contre les envahisseurs de leur pays. Leur armée se compose de tout ce qui peut porter une carabine : jeunes gens, hommes faits et vieillards. Un Boer doit pouvoir, à toute réquisition de l'autorité, présenter son rifle et un certain nombre de cartouches; il ne doit pas s'absenter pour plusieurs jours sans prévenir.

Prétoria. — Prétoria, la capitale du Transvaal, renferme un certain nombre de Boers dégrossis et à peu près civilisés. C'est une ville immense, quoique peu peuplée, car chaque maison est située au milieu d'un grand jardin. C'est bien la capitale qui convient à un peuple de pasteurs. Seule, la place centrale où se trouvent le palais du gouvernement, la cathédrale et un hôtel assez confortable, présente un peu d'animation.

Johannesburg. — Quelle différence et quel constraste lorsque, en quittant Prétoria, on longe en chemin de fer le Rand avec ses mines et qu'on arrive à Johannesburg! On sort du désert pour retomber en pleine civilisation.

Rien n'est étrange comme cette ville sortie en quelques années du néant et créée de toutes pièces, grâce à la puissance magique de l'or. Il y a huit ou neuf ans encore, c'était un campement de mineurs où quelques maisons étaient éparses, où, souvent le chercheur d'or campait dans son char à bœufs. Maintenant c'est une ville immense de plus de cent mille habitants, avec des rues larges et bien éclairées, des monuments, des hôtels, des magasins, des théâtres, et, en un mot, tout le confort de la civilisation moderne.

Seul, le bon goût a oublié le plus souvent de présider à la construction de ces milliers de maisons nouvelles. Nulle part, il n'est possible de voir pareille débauche d'imagination, et les styles les plus bizarres et les plus disparates se heurtent et se coudoient dans la même construction. Ce ne sont que tourelles, clochetons, balcons et ogives, le tout superposé et mélangé avec une audace incroyable.

Les habitants. — Si la ville en elle-même est curieuse, les habitants ne le sont pas moins. C'est d'abord les riches banquiers, les brasseurs d'affaires archi-millionnaires qui, la plupart, ont édifié en quelques années des fortunes colossales, et dont l'extérieur et les manières se ressentent le plus souvent de leur première origine de mineur.

Puis, vient la masse énorme de chercheurs d'aventures, ramassis de gens de toute espèce débarquant par tous les bateaux, vivant au jour le jour et à l'affût de la bonne affaire qui pourra leur rapporter la forte somme. C'est à Johannesburg surtout que la fin justifie les moyens. Le seul but là-bas c'est l'or. Il faut en gagner à tout prix et tous les moyens seront bons.

Il fut un temps d'ailleurs où, à Johannesburg, cela était facile : toutes les spéculations, quelles qu'elles fussent, étaient bonnes dans une ville où tout doublait de valeur

du jour au lendemain. On me montrait un petit terrain acheté, il y a quinze mois, 400 livres et revendu dernièrement 3.500 livres, et quelques jours après 4.000. Malheureusement, les capitaux français sont arrivés bien tard à la curée; ils se sont décidés à participer aux mines lorsque les actions de ces mines eurent atteint des prix fantastiques. Mais les mines les meilleures et dont les actions à leur taux d'émission peuvent rapporter des dividendes superbes ne sont plus une bonne affaire lorsqu'elles sont cotées ensuite dix ou vingt fois plus cher. C'est généralement à ce moment que nous les achetons en France. Et puis, la spéculation éhontée à laquelle on se livre là-bas rend souvent l'achat d'actions un jeu périlleux pour celui qui s'y livre. Les puissants banquiers de Johannesburg s'entendant tous à merveille quand il s'agit de nous gruger, savent si bien faire monter facticement une valeur qui leur paraît péricliter et s'en débarrasser sur nous quand elle est à son plus haut cours. Lorsque cette même valeur sera tombée à un prix inférieur à ce qu'elle vaut réellement, ils s'empresseront de la racheter. C'est l'histoire de tous les *cracks* successifs dont notre marché se plaint tant depuis quelques années.

Pour toutes les affaires, quelles qu'elles soient, la situation des capitaux français est la même à Johannesburg. Ils sont arrivés trop tard; on ne leur laisse que les affaires dont les capitalistes anglais, mieux renseignés et sur place depuis longtemps, ne veulent pas.

Agriculture au Transvaal. — Au point de vue agricole, la situation du Transvaal n'est pas brillante. Attirés par l'or à Johannesburg, les colons sérieux ont été peu tentés de s'occuper d'entreprises agricoles. Seuls les Boers possèdent les fermes, qu'ils exploitent avec leur nonchalance habituelle. Aussi les ressources du pays sont-elles encore peu connues.

Du reste, mille raisons semblent vouloir se réunir pour décourager le nouveau colon, et le dissuader de rien entreprendre.

C'est d'abord le prix énorme de la terre depuis ces dernières années. Tout propriétaire du sol croit qu'un jour ou l'autre on découvrira de l'or chez lui comme on en a trouvé chez son voisin et cet espoir le pousse à ne vendre qu'à un prix très élevé.

Puis la sécheresse qui dure là-bas une partie de l'année et la difficulté et même l'impossibilité d'irriguer, ce qui rend certaines cultures impossibles.

Enfin, en dernier lieu, la cherté de la main-d'œuvre. Les mines sont autant de gouffres qui se disputent la main-d'œuvre noire et l'attirent en la payant des prix fabuleux. Les entreprises agricoles ne peuvent lutter qu'avec peine et il faut payer un mauvais ouvrier Cafre jusqu'à 25 francs par semaine.

De plus, depuis quelques années, comme si la Providence avait voulu se venger des richesses minières dont elle a comblé le Nord de l'Afrique Australe, en ruinant son agriculture, elle lui a en envoyé deux nouveaux fléaux : les maladies du bétail et les sauterelles.

C'est d'abord la peste bovine ou Rinder-Pest dont le remède n'est pas encore connu qui s'est abattue sur les bêtes à cornes et les fait périr en grand nombre. Les animaux sauvages eux-mêmes n'en sont pas exempts, et, dans certaines parties du Transvaal et du Free-State, on ne rencontre que cadavres de buffles et d'antilopes. Malgré des mesures sanitaires presque draconiennes, cette maladie se propage de plus en plus et c'est un vrai désastre pour cette partie de l'Afrique.

Une autre maladie, le « Lung désease » attaque les chevaux et les emporte en quelques heures sans qu'on puisse trouver à les guérir.

Enfin, certaines régions possèdent la fameuse mouche Tsetse dont la piqûre est mortelle pour les ânes et les chevaux.

Les récoltes ne sont pas davantage épargnées, et, depuis trois ans, les sauterelles s'abattent périodiquement en quantité considérable au Transvaal, au Zululand, et au Natal. Après leur passage, tout ce qui pousse est rongé et aussi dévoré que si le feu avait passé.

Malgré toutes ces conditions si peu favorables, il semble que certaines cultures spéciales, comme la culture maraîchère devraient réussir à la porte d'une ville où toutes les denrées alimentaires sont si chères. Un chou se vend quelquefois au marché jusqu'à 2 fr. 50, une botte de carottes de 1 à 2 francs. Les pommes de terre valent de 25 à 30 francs le sac et tout est en proportion. Les fleurs surtout sont un des luxes de Johannesburg et atteignent toute l'année des prix fabuleux. J'ai vu payer jusqu'à 80 livres la décoration sommaire d'une salle où devait avoir lieu un banquet et le prix ordinaire d'une rose est de 0,60 à 1 fr. 25.

Peut-être pourrait-on réussir, mis il y a bien des aléas. D'ailleurs, depuis la construction des chemins de fer du Cap et du Natal, ces colonies s'organisent pour envoyer leurs produits au Transvaal. Des trains rapides les amènent journellement et ils arrivent aussi frais que s'ils étaient produits sur place.

Natal. — Après quelques jours de séjour à Johannesburg, on est heureux de quitter son atmosphère poussiéreuse et fatigante, c'est ce que je me décidai à faire un beau matin pour aller visiter le Natal.

La ligne de chemin de fer, après avoir parcouru pendant un certain temps des plaines immenses qui rappellent le Karroo, franchit les monts Drakensberg au pied du célèbre « Majuba-hill » et on entre dans un pays tout à fait différent du premier. Ce ne sont plus que montagnes, rochers, escarpements et ravins, où serpente la voie ferrée en contournant chaque obstacle. Insensiblement on descend pour se rapprocher de la côte, et retrouver, avec le climat plus chaud, la végétation tropicale dans toute sa splendeur.

Quel contraste, après quelques heures de voyage et la traversée des plaines immenses et dénudées du Transvaal, de trouver ce fouillis de plantes et de verdure qu'on ne peut se lasser d'admirer. Péter-Maritzburg, la capitale du Natal, est située au centre d'un pays de culture et d'élevage, où bœufs et chevaux, réussissent à merveille, grâce à la qualité des pâturages supérieurs même à ceux du Free-State. Puis, vient la région de la côte où le climat plus chaud permet la culture tropicale. Cette région qui ne s'étend qu'à une trentaine de kilomètres de la côte, est couverte de plantations de cannes à sucre, de thé et de café.

J'ai visité plusieurs sucreries et factoreries de thé organisées avec les derniers perfectionnements et qui, ces dernières années encore étaient très prospères. La proximité du Transvaal et du Cap leur donnait un avantage pour l'écoulement de leurs produits; la main-d'œuvre fournie par des coolies indiens était à bas prix. Malheureusement, depuis trois ans, les sauterelles font de tels ravages que les planteurs de cannes songent sérieusement à abandonner leurs plantations et à émigrer ailleurs.

Durban. — Durban est la seule ville importante de cette région et le principal port de la côte Est de l'Afrique Australe. Sa baie, semblable à un lac, entourée d'un côté par le Bluff, promontoire couvert de verdure, de l'autre par la ville et enfin derrière par la merveilleuse colline de Berea, en est un des principaux attraits. Ses jolis jardins toujours verts, sa population si bigarrée où l'on trouve en même temps des Européens, des Cafres et des Indiens, lui donnent un cachet énorme. Il n'est pas jusqu'au mode de locomotion petites voitures à roues en caoutchouc appelées « Jinrichshaws » et traînées par des Zoulous trotteurs qui, n'ajoute à son aspect gai.

Laurenzo-Marquez. — J'y passai quelques jours puis revins à Johannesburg, d'où je repartais bientôt pour aller rejoindre à Laurenzo-Marquez le bateau de Madagascar.

Grâce à sa proximité de Johannesburg et à la construction du chemin de fer qui réunit les deux villes, Laurenzo-Marquez est appelée, je crois, à centraliser le commerce du Transvaal et à devenir, malgré les Portugais, un des principaux ports de l'Afrique australe. De tous côtés la ville s'agrandit. Partout on construit de nouvelles maisons et de vastes entrepôts.

Madagascar. — De Laurenzo-Marquez à Tamatave il faut six jours de mer; mais, à partir de Fort-Dauphin, le bateau longe constamment la côte Est de Madagascar, faisant escale dans les divers ports; Mauanzary et Vatoumandry, ce qui rompt la monotonie du voyage.

Cette côte, toute droite, immédiatement bornée par un rideau de verdure derrière lequel se dresse une ligne de montagnes, fait éprouver au nouvel arrivant une impression assez favorable.

Dès que la malle anglaise est signalée, des quantités de grosses barques pontées, montées par des noirs qui rament en chantant, traversent la barre de coraux qui longe la côte presque sans interruption et viennent accoster le bateau pour décharger leurs marchandises. Les noirs envahissent aussitôt le pont, chargés de fruits divers, ananas, mangues et bananes, et apportant quantités de jolies petites maques de perroquets et de perruches qu'ils échangent avec les matelots contre de vieux pantalons ou de vieux vestons hors d'usage.

Quelquefois, lorsque la mer est grosse, les barques font de vains efforts pour franchir la terrible barre. Après quelques essais infructueux et lorsqu'une ou deux barques ont chaviré, les autres se décident à rentrer au port et la malle anglaise file impitoyable, privant pour un mois les malheureux habitants des marchandises qu'ils attendaient.

Tamatave. — A Tamatave, les paquebots peuvent mouiller assez près de terre et le débarquement est facile, car on n'a plus de barre à franchir.

Dès qu'on a touché terre le pied s'enfonce profondément dans un sable fin qu'on retrouve partout dans les rues de la ville. S'il rend la marche pénible, ce sable a au moins l'avantage d'absorber l'eau de pluie qui tombe presque tous les jours de l'année et d'empêcher les rues qui sont très étroites de se changer en cloaques de boue.

A Tamatave, presque toutes les maisons sont construites en bois. La ville européenne, qui comprend de nombreuses maisons de commerce françaises, anglaises, allemandes et américaines, est située près du port. Elle est suivie par la ville indigène où sont groupées les cases malgaches.

Les maisons de commerce. — Toutes ces maisons de commerce vendent à peu près les mêmes articles : denrées alimentaires et certains objets de première nécessité pour les Européens. Elles s'occupent aussi d'échanges avec les indigènes, mais leur nombre trop considérable les condamne à végéter. Celles surtout qui ne disposent pas de gros capitaux et n'ont pas de comptoirs dans diverses parties de l'île ne font souvent que des affaires peu brillantes.

Mode de transport. — Dès l'arrivée à Tamatave, la première chose à faire pour un étranger est de se munir d'un « filanzane », sorte de brancard avec un siège en toile ou en cuir sur lequel on s'assied, et porté par quatre hommes. C'est jusqu'à présent le seul mode de circulation possible, car l'absence de routes ne permet pas dans beaucoup d'endroits de se servir de chevaux ni de mulets.

C'est, du reste, un mode de transport assez agréable et qui permet de faire sans fatigue d'assez longues étapes.

Pour voyager on a généralement de huit à douze porteurs qui se relaient en marchant tous les 100 mètres. Ces porteurs appelés « pilanzha » sont d'une résistance inouïe; j'ai fait une fois avec huit porteurs 80 kilomètres dans une journée et cela dans les sables de la côte qui rendent la marche plus pénible. Parti de la rivière d'Ivondro à 4 heures du matin, j'étais le soir à 8 heures à Andévorante.

Bourjanes. — Outre les « pilanzha » chaque voyageur est obligé d'avoir un certain nombre de « bourjanes » pour porter ses bagages. Il faut en effet emporter avec soi son lit, sa batterie de cuisine et ses provisions si l'on veut manger en route et dormir autrement que sur le sol des cases.

On charge en général un bourjane parlant un peu français de recruter les autres. Il prend le titre de commandeur et rassemble chaque matin les hommes au moment du départ.

Le soir, en arrivant à l'étape, c'est lui qui s'occupe de trouver la case la plus propre d'où il déloge les habitants et où vous vous installez sans autre formalité.

Ces cases presque toujours tendues de nattes en rabanes grossières paraissent assez propres au premier abord. Ces apparences sont trompeuses et dès qu'on est couché depuis quelques minutes on est assailli par des multitudes innombrables de puces qui, trop heureuses d'une telle aubaine, vous dévorent à l'envi. Pour le nouveau venu qui ne s'est pas muni de poudre insecticide, c'est un supplice horrible et qui se renouvelle toutes les nuits.

Route de la Côte. — De Tamatave à Andévorante, la route, en sable fin comme une allée de parc, longe la côte et traverse un pays ravissant. D'un côté la mer dont les hautes vagues, après avoir franchi en bondissant les récifs de corail, viennent mourir sur la plage; de l'autre, une suite ininterrompue de marais ou plutôt de vastes étangs à l'eau aussi limpide qu'un miroir et bordés d'une végétation merveilleuse. C'est tantôt la flore tropicale sauvage; palmiers, *ravenelles, orchidées au parfum pénétrant,* tantôt de jolis champs de cannes à sucre et de vanille.

L'Ivondro, comme toutes les rivières un peu profondes de l'île, se passe dans des pirogues creusées dans de gros arbres et conduites par des bourjanes armés de palettes.

Ces bourjanes sont de grands enfants toujours gais et en train et pour qui le « Vahaza », c'est-à-dire le blanc, est sacré. La seule difficulté est de débattre avec eux les prix au moment du départ; une fois en route, ils sont pleins de prévenances et d'attentions et il est bien rare qu'on soit obligé d'user avec eux de procédés violents. En passant les rivières, ils entonnent en général de jolies chansons dont les airs quoique peu variés sont assez harmonieux.

Route de Tamatave à Tananarive. — La route de Tamatave à Tananarive peut se faire en six jours. Au mois d'août dernier, le peu de sécurité du pays obligeait à ne marcher que sous la protection des escortes qu'on donnait aux voyageurs dans les postes échelonnés le long de la route et il fallait de huit à dix jours.

A partir d'Andévorante on laisse la côte pour commencer à gravir les divers échelons de collines qui se succèdent sans interruption jusqu'à Tananarive.

La partie la plus intéressante est la traversée de la forêt. Des arbres gigantesques, presque tous d'essences précieuses, alternent avec des coins garnis de lianes, de fougères arborescentes énormes et de ces fameuses ravenelles appelées « arbre du voyageur » qu'on rencontre partout à Madagascar. Enfin, de loin en loin quelques cours d'eau rapides roulent leurs eaux claires sur un lit de cailloux blancs.

Malheureusement les difficultés du chemin escarpé comme un sentier de chèvre ne permettent pas de jouir des beautés du paysage. Les bourjanes glissent et buttent à chaque pas, vous entraînant parfois avec eux dans leur chute et vous obligeant souvent à vous cramponner des deux mains aux brancards du filanzane.

Mouramangue, placé à la sortie de la forêt dans la riche vallée du Mangoro, est le village le plus important de la route. C'est aussi le seul endroit où l'on puisse faire quelques kilomètres sur un chemin plat sans être constamment obligé de franchir des séries de collines.

L'Imerne. — A partir d'Ankeramadirika on entre dans l'Imerne et le paysage change d'aspect. Plus de forêt et même plus d'arbres; mais une suite ininterrompue de montagnes à pic ou mamelonnées affectant toutes les formes, allant dans toutes les directions et la plupart du temps se réunissant dans le pied sans même former de vallées.

Pendant l'hiver qui est la saison sèche, l'argile rouge dont est formé le sol est presque à nu. On ne rencontre plus comme végétation que des rizières dans les fonds entre les montagnes, et autour des villages quelques maigres champs de cannes et des haies de cactus. C'est au bout d'un certain temps d'une monotonie désespérante.

Tananarive. — Tananarive, la capitale de l'Imerne et de l'île, est perchée à 1.400 mètres d'altitude sur une colline entourée de marais et de rizières. On l'aperçoit de très loin et, à 60 kilomètres de distance, l'œil peut distinguer les tours du palais d'argent, qui se dressent au sommet de la ville.

Les maisons. — Les maisons, construites en terre battue ou en briques non cuites et étagées de tous côtés sans ordre sur la colline, sont assez pittoresques. Mais les maisons malgaches sont plus belles en apparence que réellement. Presque toutes, d'ailleurs, sont inachevées, soit par suite d'une superstition, soit plus vraisemblablement par la crainte que l'on avait d'attirer l'attention du premier ministre et de tenter sa cupidité.

Le palais de la reine lui-même, si imposant de loin, n'est plus, lorsqu'on s'approche, qu'une grande construction en bois recouverte d'une chemise en pierre.

Les rues de la ville sont étroites et souvent en pente rapide. Elles sont sillonnées de Malgaches vêtus de leurs blancs lambas et la tête couverte de grands chapeaux de paille.

Les habitants. — Comme habitants, Madagascar présente plusieurs races assez distinctes. Les Hovas d'abord ou plus proprement les habitants de l'Imerne, de race malaise, arrivés les derniers dans l'île, mais qui, plus intelligents que les autres, ont dominé bientôt et soumis une partie du pays.

Au Sud de l'Imerne habitent les Betsiléos, le peuple qui se rapproche le plus des Hovas au physique comme au moral; soumis autrefois aux rois de l'Imerne, leur pays vient d'être déclaré territoire indépendant.

A l'Ouest de l'Imerne et du pays Betsileo habitent les Sakalaves, anciens descendants d'Arabes dont ils ont conservé quelques mots de langage. Ils sont absolument sauvages et très jaloux de leur indépendance. Leur vaste territoire est encore à peu près inconnu et bien peu d'Européens ont pu pénétrer chez eux.

L'Est de l'île est peuplé par les Betsimaracs, peuple doux, paresseux et tranquille, gouverné depuis longtemps par les Hovas qui les exploitent de mille manières. Ils ont les cheveux crépus et le type nègre très prononcé. Leur pays, très fertile, leur permet de vivre sans grand travail en exploitant le riz, la canne à sucre et le manioc qui poussent comme par enchantement sur la côte.

Viennent enfin les diverses peuplades du Sud, Barres, Tanales, Antanosos, Antaimours, etc., les uns indépendants, les autres soumis aux Hovas, et tous encore plus ou moins sauvages.

La civilisation. — Dans l'étude des habitants et de leur caractère un fait qui frappe à Madagascar, c'est l'absence complète de civilisation propre des diverses peuplades de l'île et surtout des Hovas.

A l'encontre des peuples d'Orient, Turcs, Indous et Chinois qui ont des coutumes très anciennes et très particulières, des mœurs à eux et qu'ils ont gardées en partie malgré l'arrivée des Européens, les Hovas sont restés sauvages jusqu'au jour où les Européens, pénétrant chez eux, leurs ont apporté quelques éléments de leur propre civilisation.

Ils sont du reste d'origine malaise, c'est-à-dire d'une race dont le pouvoir d'assimilation est considérable.

Nous venons d'en avoir un exemple frappant sous les yeux, donné par un autre peuple dont l'origine est malaise aussi. Je veux parler du Japon qui a été fermé pendant longtemps aux Européens. Décidés un beau jour à s'européaniser, les Japonais ont, du jour au lendemain, ouvert leurs portes toutes grandes, dépouillé le vieil homme et jeté bas leurs anciennes traditions et leurs anciennes coutumes. Les progrès énormes qu'ils ont réalisés en vingt-cinq ans, organisant une armée, une marine et des industries viennent d'étonner le monde.

Comme eux, les Malgaches n'ont commencé à se civiliser qu'avec l'arrivée des Européens. Les progrès ont été lents, car le pays était presque fermé jusqu'à présent; mais les étapes de cette évolution sont faciles à suivre. Elles sont inscrites pour ainsi dire et rendues tangibles à Tananarive dans le Rova qui renferme tous les différents palais habités depuis deux cents ans par les rois Hovas depuis Andrianampuénimerne et Rhadame Ier jusqu'à la reine actuelle Ranavalo III. Le premier est une simple case en bois où la famille royale vivait pêle-mêle et partageait la même couche; le dernier est aménagé à l'intérieur avec tout le confortable moderne.

C'est une des causes qui doivent rendre l'assimilation des Malgaches et la conquête du pays plus faciles dans la suite. Nous n'aurons pas à lutter contre une civilisation ancienne profondément enracinée et difficile à détruire, nous n'aurons qu'à continuer à leur donner la nôtre.

Déjà pour la plupart chrétiens, les Malgaches prendront vite nos mœurs et nos coutumes. Grâce à l'instruction obligatoire chez eux, ils ont été dégrossis par les missionnaires. En eux, nous sommes sûrs de trouver bientôt de précieux auxiliaires de la civilisation.

Avec les goûts européens se développera chez eux l'amour du luxe et de l'argent. Beaucoup déjà aiment à s'habiller à l'européenne et ils deviendront certainement de bons consommateurs de nos produits.

Quand ils sauront que leur argent ne leur est plus enlevé au gré du caprice d'un premier ministre ou d'un gouverneur avide, ils ne craindront pas d'étaler cet argent, et le commerce, pour lequel ils ont un goût instinctif, se développera rapidement.

A côté du commerce, les industries susceptibles de se développer à Madagascar trouveront dans les Malgaches des ouvriers habiles. Les Pères Jésuites qui, avec l'aide de simples indigènes, sont arrivés à édifier les cathédrales qu'on admire à Tananarive et à Fianarantsoa, ont montré ce qu'on pouvait tirer d'eux comme ouvriers. Il suffira qu'il y ait à leur tête des chefs-d'entreprise et des contremaîtres habiles, capables de leur apprendre les différents métiers et de les diriger.

Des industries. — Les industries locales sont encore peu développées, mais peuvent rapidement prendre de l'importance; la métallurgie d'abord qui a été tentée autrefois avec succès par un Français bien connu là-bas, M. Laborde; le coton auquel le sol et le climat semblent convenir et qui aurait un débouché local immense; la soie qui vient là-bas à l'état sauvage, si l'on peut s'exprimer ainsi, et qui sert à fabriquer les lambas superbes et les belles dentelles qu'on vend à Tananarive; l'or enfin qui, plus que tout le reste, fera sans doute un jour la fortune de la colonie.

Causes qui ont entravé la conquête. — Grâce à leur ancienne organisation politique, les Malgaches ont inné en quelque sorte le respect de l'autorité et du gouvernement. Jusqu'à présent l'hostilité sourde à laquelle nous nous sommes heurtés là-bas depuis la guerre, qui a entravé la colonisation tout en remettant en question la conquête, tenait surtout à ce que l'opposition venait d'en haut. C'est de Tananarive, du palais de la reine et de son entourage que partaient les ordres de révolte. Les bandes des Fahavales armés, qui ont terrorisé le pays et l'ont rendu si peu sûr, obéissaient à ces ordres par la force de l'habitude. Une fois les têtes tombées et les grands chefs supprimés, l'ordre doit être facilement rétabli et le pays pacifié. Le pas énorme fait par la pacification depuis l'arrivée du général Galliéni et les mesures énergiques prises par lui n'en sont-ils pas la meilleure preuve?

Quoi d'étonnant d'ailleurs à cette hostilité de la part des Hovas riches et puissants de l'entourage de la reine. Nous prenons leur pays, nous les ruinons de mille manières et nous voudrions que du premier coup ils nous fussent dévoués?

Les charges publiques, autrefois non rétribuées, rapportaient des sommes énormes à ceux qui les possédaient. Presque toujours même il fallait payer de grosses sommes au premier ministre pour les obtenir. Ensuite il était facile de rentrer dans ses déboursés en pressurant le peuple de mille manières, en se servant de la corvée et en levant des impôts arbitraires. Tout cela était légal à Madagascar, pour le plus grand bien de ceux qui en profitaient.

Depuis, nous avons aboli la corvée, supprimé les esclaves qui étaient une richesse, interdit l'exploitation de l'or qui, dans beaucoup de provinces, rapportait aux gouverneurs des sommes énormes. Tous ces gens-là nous détestent et ce n'est qu'en supprimant les uns, en terrorisant ou en compromettant les autres que nous pourrons les dominer.

Quant au peuple, il s'apercevra vite qu'il n'a qu'à gagner à notre domination, qu'il peut vivre plus tranquille et mieux avec nous qu'avec ses anciens maîtres.

Au début, sans doute il faudra réglementer la main-d'œuvre pour l'assurer aux colons ; mais bientôt les ouvriers attirés par l'appât du gain viendront d'eux-mêmes.

Ressources de Madagascar. — Au point de vue de la colonisation, Madagascar, grâce à ses diversités de sol et de climat, est un des pays du monde dont les ressources sont les plus étendues.

Les côtes, avec leur climat tropical, se prêtent merveilleusement aux cultures des pays chauds, et, dans la région des plateaux où l'altitude tempère la chaleur, presque tous les produits des pays tempérés doivent pouvoir réussir.

Climat. — Souvent on objecte la question de salubrité du pays et Madagascar jouit à ce sujet d'une réputation déplorable. Mais le climat est en somme beaucoup moins mauvais qu'on a voulu le dire.

La région du centre d'abord est aussi saine que possible. L'air pur et fortifiant qu'on y respire ressemble beaucoup à celui de l'Afrique du Sud considéré comme si salubre. Les Européens ne doivent pas y contracter de fièvre à moins qu'ils n'en apportent avec eux les germes.

Sur la côte, il est vrai, les pluies sont très fréquentes et dès qu'elles s'arrêtent le soleil se montre plus chaud que jamais, pompant l'eau qui est tombée et saturant l'atmosphère d'humidité. Cette évaporation constante contribue à rendre le climat assez fiévreux et malsain.

Toutefois, avec un régime régulier et en évitant les excès de tous genres, on peut non seulement y vivre mais même s'y bien porter. De nombreux Européens du reste sont installés sur la côte depuis de longues années et beaucoup ne sont jamais malades. Il est à remarquer que les missionnaires, dont la vie en général est plus régulière que celle des colons, sont bien moins atteints par les fièvres, quoique faisant un métier beaucoup plus fatigant.

Élevage. — Dans la région centrale de Madagascar, une des sources principales de rapport au point de vue agricole sera certainement l'élevage.

Après avoir parcouru les étendues immenses du Karroo, on est frappé par la similitude de terrain et de climat qui existe entre ces plaines de l'Afrique du Sud et la région des plateaux à Madagascar. Même terrain argileux et pauvre qui, sous le climat d'Europe ne produirait rien, mais qui là-bas, après les pluies d'été, se couvre de végétation.

Ajoutez à cela qu'à Madagascar on trouve de l'eau presque partout et qu'il n'est peut-être pas de terrain dans l'île qui ne soit irrigable, à part les plus hauts sommets. L'irrigation, du reste, est le triomphe des Malgaches qui y excellent. Ils sont d'une habileté surprenante pour canaliser l'eau au moyen de rigoles qu'ils creusent avec une sorte de bêche appelée « engade » et souvent ils amènent cette eau de plusieurs kilomètres pour arroser leurs rizières.

Moutons. — Les moutons et surtout le mouton mérinos réussissent à merveille dans l'Afrique du Sud, ils devraient réussir à Madagascar. Le mouton indigène est petit, assez semblable à une chèvre avec ses longs poils qui remplacent la laine. Il est susceptible de beaucoup d'amélioration, ou plutôt on pourrait lui substituer le mérinos pur de Rambouillet dont la laine est si appréciée.

Des essais ont été tentés ces derniers temps et quelques moutons introduits par les soins du gouvernement; nul doute qu'ils ne se multiplient rapidement.

Chevaux et mulets. — Plus peut-être que l'élevage des moutons, l'élevage du cheval sera une source de profits. Jusqu'ici ces animaux étaient à Madagascar à peu près inconnus; l'absence de route en rendait l'utilisation impossible et ce n'est que depuis la guerre qu'on en rencontre quelques-uns.

Mais avant la construction des chemins de fer, avant surtout qu'il y ait un réseau ferré au travers de l'île, des routes carrossables ou tout au moins muletières se construiront. Insensiblement chevaux et mulets prendront la place des bourjanes pour le transport des voyageurs et des marchandises, et il en faudra beaucoup.

Les colons qui dès maintenant ne craindront pas de se mettre à l'œuvre et d'élever, sont assurés de la réussite. Ils pourront lutter avec avantage contre les importations venant de la République Argentine pour les mulets, d'Australie et du Cap pour les chevaux. Nulle part en effet des pâturages mieux appropriés ne peuvent être achetés ou loués meilleur marché qu'à Madagascar.

De plus, le cheval est déjà pour les Malgaches un objet de luxe dont ils raffolent. Certains d'entre eux n'ont pas hésité à payer jusqu'à 2.000 fr. des chevaux claqués et usés qu'avaient montés les officiers pendant la campagne.

La colonie de Natal, qui est près de Madagascar et où les chevaux sont très bon marché, pourra fournir aux éleveurs un stock de poulinières et la mise de fonds ne sera pas considérable.

Quelques indigènes dans le centre ont commencé à élever; mais les règles les plus fantaisistes président aux croisements et aux choix des reproducteurs. Je me rappelle ce fait d'un brave Malgache qui avait à marier plusieurs juments. Seuls, le missionnaire catholique et le pasteur protestant possédaient des chevaux dans la région. Ayant à se plaindre du pasteur, notre Malgache choisit le cheval du Père. L'un, du reste, ne valait pas mieux que l'autre, mais comme principe d'élevage on avouera que c'est un peu risqué!...

Bêtes à cornes. — L'élevage des bêtes à cornes ne semble pas appelé au même avenir pour les Européens. Les Malgaches sont passés maîtres dans cet élevage qui convient aux mœurs pastorales de certaines peuplades de l'île. Leurs animaux, bien que de petite taille, sont bons et doués d'une chair délicate, et valent mieux, au point de vue des formes, quand ils sont dans de bons pâturages, que beaucoup de bêtes de race européenne. Leur bon marché extraordinaire (un bœuf vaut de 30 à 60 fr.) fait que l'éleveur français dont les frais seront plus considérables ne pourra lutter que difficilement avec l'éleveur malgache. Il faudait pour cela de nouveaux débouchés, comme la fondation de fabriques de conserves ou l'exportation. Le colon aura alors avantage à être simple acheteur et en quelque sorte intermédiaire.

Grâce à la peste bovine qui sévit en ce moment avec tant de vigueur dans l'Afrique du Sud et qui a causé dans les principaux centres, notamment à Johannesburg, un renchérissement énorme du prix de la viande, cette exportation pourrait, pendant quelques années du moins, donner de très beaux bénéfices.

Les bœufs à Madagascar n'ont pas encore été employés comme bêtes de trait. Dans certaines parties de l'île on s'est contenté de s'en servir comme bêtes de selle. On leur coupe alors les oreilles et les cornes pour leur donner de faux airs de chevaux et ils font de bonnes montures. Ils portent de gros poids, sont très résistants et peuvent passer dans les endroits les plus escarpés.

A Maurice cependant, de grandes quantités de bœufs venant de la côte Est sont exportés tous les ans. Ils servent là-bas au service des sucreries. Je les ai vus traîner, seul ou à deux, de lourdes voitures chargées de cannes. Ils sont doux et dociles, et la bosse qu'ils ont sur le garrot en rend le mode d'attelage facile. Très rapidement on pourra en dresser de grands nombres à Madagascar qui serviront dans les exploitations diverses, soit pour les charrois, soit pour les labours.

Les cultures de riz. — Comme culture proprement dite, celle qui convient le mieux à la région des plateaux est sans contredit le riz. Du reste, cette céréale, qui forme la base et même quelquefois la totalité de la nourriture des indigènes, est cultivée par eux avec un soin et une habileté extrêmes. Partout où un coin de vallée, où même un simple ravin existe, partout en un mot où l'eau peut être amenée et séjourner, ils ont établi des rizières. Souvent même certaines collines sont taillées en gradins superposés où est planté le riz. L'eau descend d'un échelon à l'autre, les fertilisant ainsi successivement.

Ces rizières sont tous les ans retournées de fond en comble au moyen des engades dont j'ai déjà parlé. Les Malgaches sont d'une habileté extraordinaire à manier cet outil et remuent en un jour deux fois plus de terrain que ne le ferait un ouvrier français avec la bêche la plus perfectionnée.

L'eau amenée pendant l'hiver, avant la saison des pluies, ameublit le sol ainsi travaillé, et c'est vers septembre et octobre, suivant les endroits, que le riz est planté. On commence par le semer très dru en pépinière puis il est arraché soigneusement et repiqué dans la rizière par petites touffes placées à quelques centimètres les unes des autres. Les Malgaches s'acquittent si bien de cette culture qu'il faudra je crois leur en laisser le monopole. Il sera seulement facile de les engager à augmenter le nombre des rizières et à leur acheter le riz pour l'exporter en dehors de la colonie.

Vigne et blé. — La vigne et le blé sont encore des cultures qui pourront être tentées dans la région centrale. Mais, pour diverses raisons, je ne les crois pas appelées à un grand avenir, dans l'Imerne tout au moins.

Le blé d'abord aura longtemps encore sa consommation limitée aux Européens, le riz faisant la base de la nourriture indigène.

Dès que des moyens de communication nouveaux seront créés, les blés étrangers arriveront facilement à Tananarive avec leur bas prix. Puis, sur les plateaux de Madagascar, la saison des pluies a lieu l'été et il y aura, comme dans la partie Est de l'Afrique où cette circonstance se produit, à craindre, pour les blés, la rouille et pour la vigne, la coulure. Enfin, la composition du sol qui manque presque partout de calcaire ne semble pas convenir très bien à ces cultures.

Cependant la région des plateaux n'est pas partout la même, et, au Sud des mamelons argileux de l'Imerne, se trouvent des plaines qui par l'aspect du sol et de la végétation semblent plus fertiles. Elles sont situées dans la province du Vakinaukaratre où se trouvent les villes d'Antsirabe et de Bétafo.

Là, le sol change d'aspect, la terre végétale est plus noire, plus chargée d'humus et l'herbe y pousse plus drue. Près de Betafo, le sol est en certains endroits composé de débris volcaniques et pousse de beaux champs de cannes et de manioc. C'est, dans la région des plateaux, une des parties les plus fertiles et où les cultures indigènes sont le plus belles. Le blé, le maïs, l'avoine et la vigne devraient y pousser dans de bonnes conditions.

En descendant encore plus au Sud, on entre dans la région des Betsileos dont la capitale est Fianarantsoa. Le sol redevient semblable comme aspect à celui de l'Imerne, mais l'argile qui le compose n'est plus aussi compact. Il est amendé par une certaine proportion de sable et de pierres, qui le rendent plus meuble et permettent aux racines des plantes de pénétrer plus avant.

Aussi la végétation est-elle plus belle que dans l'Imerne. Les vallées fertiles y abondent et des essais de culture faits dans le jardin des Pères Jésuites et dans celui de la Résidence sont tout à faits concluants. Presque tous les arbres fruitiers d'Europe y poussent avec vigueur à côté d'arbres d'essences tropicales, et la rapidité avec laquelle ils croissent et se développent est merveilleuse.

Les bons pâturages y sont abondants; j'ai vu dans certains endroits des bœufs d'une finesse d'engraissement remarquable et qui n'auraient pas été déplacés au concours d'animaux gras du Palais de l'industrie. C'est aussi le vrai pays de l'élevage du cheval, avec cet avantage sur l'Imerne pour l'éleveur qu'il pourra trouver à côté des hauteurs mamelonnées où l'herbe ne croît qu'après les pluies, certains fonds de vallée toujours frais et humides où il pourra nourrir abondamment ses animaux pendant la saison sèche.

Pour la vigne même, la rapidité de la végétation et sa vigueur font que les fleurs apparaissent en partie avant la saison des pluies et la quantité de grappes est merveilleuse.

Quelques essais tentés à Fianarantsoa et dans les environs ont donné des résultats superbes, et c'est une des régions de Madagascar où la vigne pourra se cultiver avec succès. Tant que les moyens de transports ne seront pas perfectionnés, le vin qu'on pourra récolter est assuré d'un débouché facile à des prix élevés.

Coton. — Après la vigne, le sol et le climat de ces régions semblent convenir merveilleusement au coton. Une société en voie de formation va monter dans le pays Betsileo une exploitation de coton, une filature et une usine de tissage. Avec le bas prix de la main-d'œuvre, les étoffes de coton pourront se produire certainement à bon marché. Elles font la base de l'habillement des Malgaches sous formes de lambas, grandes pièces rectangulaires dans lesquelles ils se drapent et qui rappellent assez l'ancienne toge romaine. Celles produites à Madagascar seront d'un écoulement facile et lutteront sans doute avec avantage contre les importations de ce genre qui viennent surtout d'Amérique et d'Angleterre.

Café. — Quelques personnes ont aussi préconisé la culture du café dans la région centrale de Madagascar. Plusieurs essais déjà ont été tentés. Le plus ancien et le plus important est dû à l'initiative de M. Rigaud, un des plus anciens colons de l'île, qui a écrit un traité sur cette culture. Malheureusement sa plantation installée à Ivato, sur les bords de l'Icopo près de Tananarive, a eu à souffrir de la guerre et des troubles qui l'ont suivie. Elle n'a pu recevoir les soins que nécessite cette culture et il est difficile d'en retirer des renseignements précis.

Il semble toutefois que les conditions de richesse du sol et d'altitude que le café exige se trouveront mieux réunies dans les régions moyennes et basses de l'île; et les planteurs de café auront certainement avantage à s'y cantonner tant qu'il restera de vastes espaces à prendre, c'est-à-dire pendant longtemps encore. Dans la région des plateaux, le café est souvent sujet aux attaques de l'hemileïa vastatrix qu'il est bien difficile de combattre.

Vers à soie. — Enfin une culture dont les indigènes s'occupent dans la région centrale et qui est susceptible de bien des perfectionnements est celle des vers à soie. Dans certaines régions, comme dans l'Ouest de Tananarive, du côté du lac Itassy, et, au Sud, près d'Ambositra, les vers à soie se trouvent à l'état sauvage et tissent leurs cocons sur de petits arbustes appelés « tapias ».

Au Sud de Fianarantsoa, dans la région d'Ambohimandraso, c'est une légumineuse, l'ambrevade, qui leur sert de nourriture. Semée à intervalles de 20 à 25 centimètres après un labour préalable, cette légumineuse atteint au bout de six mois 50 à 60 centimètres de hauteur. A ce moment les indigènes sèment des cocons dans des touffes d'herbes ménagées à cet effet de distance en distance au milieu des champs d'ambrevade.

Les vers à soie éclosent à l'abri dans ces touffes et, au bout de six mois, ils ont tissé leurs cocons qu'on recueille alors en ayant soin d'en laisser une quantité suffisante qui servira de semence pour la prochaine récolte.

Cette culture se fait presque sans frais et sans doute des filatures et des usines de tissage pourraient se créer avec succès. Elles pourraient produire des étoffes bon marché que les indigènes achèteraient volontiers. Les étoffes de soie qu'on vend dans le pays atteignent pour le moment des prix fabuleux; elles servent surtout à enterrer les morts dans lesquelles on les enveloppe. La soie malgache est si résistante que souvent on ressort intacts, après plusieurs années, les lambas qui entouraient les cadavres.

L'Ouest de Tananarive. — Quand on quitte la région des plateaux pour s'avancer vers l'Ouest, le pays redescend bien vite, toujours par échelons de collines, jusqu'à la mer. Je pus de ce côté visiter plusieurs pays différents.

J'eus la chance d'abord, étant à Tananarive, de pouvoir me joindre à une expédition envoyée dans l'Ouest, à Soavinandriano, vers le lac Istassy, près de la frontière du pays Sakalave. C'était le moment où les Fahavales désolaient cette contrée. Les préoccupations constantes qu'ils nous donnaient et les coups de fusil qu'il fallait même échanger parfois, ne me permirent pas une étude très approfondie du pays. Du reste on ne rencontrait partout que rizières en friche, villages brûlés et troupeaux abandonnés, ce qui ne contribuait pas en embellir l'aspect.

A la frontière de l'Imerne cependant, le pays semble devenir plus fertile, l'herbe est plus abondante et plus haute, le pays paraît plus riche. Je voyageais avec M. Gauthier, le directeur des Affaires indigènes, qui est à Madagascar depuis de longues années et a visité autrefois seul et à pied cette partie de l'Ouest. Il en rapporta une impression des plus favorables. Ce serait d'après lui une des contrées riches de l'île, appropriée à l'élevage et à tous les genres de cultures tropicales. Les forêts y sont, paraît-il, merveilleuses, plus belles que sur la côte Est, et les arbres à essences précieuses d'une grosseur extraordinaire.

De retour à Tananarive, je repartis bientôt pour le Sud, en campagnie de mon ami Prosper de la Grange, et profitant d'une escorte qui se rendait à Antsirabe.

Antsirabe. — Antsirabe se trouve au milieu d'une plaine fertile dont j'ai parlé déjà. Elle possède plusieurs sources d'eaux gazeuses dont les propriétés sont les mêmes que celles des eaux de Vichy.

Connues et appréciées à Tananarive et à Fianarantsoa, ces eaux y sont expédiées par tous les convois et il s'en fait une grande consommation. Le droit d'exploiter ces sources vient d'être concédé dernièrement à un Français, M. Depret. Elles seront d'une grande efficacité contre les accès du foie auxquels sont parfois sujets les Européens dans les pays chauds. Bientôt sans doute les colons de la côte viendront en grand nombre à Antsirabe pour y faire des saisons d'eaux et se reposer, dans le climat doux et tempéré dont jouit la ville, des fortes chaleurs de la côte.

Antsirabe et les pays sakalaves. — C'est à Antsirabe que, séduits par les récits fantastiques qu'on nous faisait sur les richesses aurifères des pays sakalaves, nous nous décidions à y tenter une expédition improvisée. Notre départ fut organisé si rapidement que nous eûmes d'abord assez de peine à recruter les bourjanes nécessaires pour nous accompagner. Ils se souciaient peu d'aller dans un pays où les habitants reçoivent parfois assez mal les visiteurs qui ont l'audace de pénétrer chez eux. Puis, le pays étant dénué de ressources, il nous fallait emporter du riz en quantité suffisante pour nous et nos porteurs et enfin quelques cadeaux pour amadouer les farouches Sakalaves.

D'Antsirabe à Bétafo et à Inanatonana, dernier village hova construit à la frontière, la route est belle et le pays riche et bien cultivé. Les villages sont assez rapprochés et entourés de belles rizières et de jolis champs de cannes et de manioc.

A partir de la Nanatonana, on entre dans la zone neutre,

la zone tampon en quelque sorte, complètement inhabitée. Elle servait autrefois de théâtre aux luttes des Sakalaves contre les Hovas,et ses riches pâturages ne sont parcourus que par des troupeaux de bœufs sauvages qu'on rencontre parfois.

Pour arriver au premier campement sakalave, il faut faire trois grandes journées de marche.

Ce campement est situé sur la rivière Vatakazo, un des affluents du Betsisiry, derrière les hautes montagnes de l'Ambatra. La route est assez pittoresque. Elle coupe un grand nombre de rivières bordées de verdure et franchit ou contourne plusieurs montagnes, entre autres les monts Tsaramody où se déroulèrent des drames sanglants.

On y rencontre des cavernes de rochers remplis d'ossements humains.

Les vallées des rivières sont fertiles; on pourrait y créer des rizières et faire pousser de belles récoltes. L'argile qui compose le terrain des collines est mélangé d'une forte proportion de quartz blanc qui annonce l'approche des terrains aurifères.

Avant de pénétrer chez les Sakalaves, il faut franchir les rochers d'Ambatra par un défilé étroit, appelé passe d'Analahidirana et le spectacle devient réellement imposant. On ne peut s'avancer qu'en file indienne dans un sentier étroit qui n'est souvent que le lit de la petite rivière d'Analahidiana, et de chaque côté on est dominé par des hauteurs à pic de plusieurs centaines de mètres. Quelques hommes postés sur les sommets pourraient facilement arrêter une armée engagée dans ce défilé qu'il faut plus d'une heure pour franchir.

Aussi est-ce avec un certain soulagement que l'on arrive de l'autre côté et qu'on retrouve devant soi l'air et l'espace. On est alors en plein Betsiriry parcouru par les tribus nomades des Sakalaves.

Presque toute la côte Ouest appartient aux Sakalaves et c'était autrefois un peuple puissant. Depuis quelques années, l'autorité suprême qui était jadis entre les mains d'un seul roi a été divisée entre plusieurs chefs et ils ont formé plusieurs tribus distinctes souvent en guerre entre elles. Les Hovas ont essayé à maintes reprises de les soumettre sans jamais y parvenir et c'est à grand'peine qu'ils ont pu placer dans leur pays quelques gouverneurs dont l'autorité n'était souvent qu'illusoire. Quant aux Européens, ils n'ont pu encore pénétrer dans le pays d'une façon efficace et les Sakalaves sont restés absolument sauvages.

Essentiellement nomades, ils vivent par tribus qui se déplacent avec la plus grande facilité poussant devant elles leurs bestiaux. Autrefois, ils vivaient surtout de pillages et de rapines, faisant constamment des incursions dans l'Imerne et chez les Betsiléos. Ils brûlaient les villages, tuaient les hommes et s'emparaient des bestiaux et des femmes qu'ils emmenaient comme esclaves.

Depuis quelques années, ils se sont aperçus de la valeur de l'or qui abonde dans les rivières de leur pays et se sont mis à sa recherche. Ils ont trouvé ainsi un moyen facile de se procurer en échange de cet or les objets dont ils ont besoin et sont devenus plus tranquilles.

Au physique, ce sont des noirs solides et bien découplés. Ils sont vêtus de lambas en cotonnade bleue et portent au cou et aux bras, des quantités de colliers, de bracelets et de bagues. Leur chevelure crépue est savamment arrangée en petites boules cimentées par de la terre glaise ou de la graisse. Quelquefois aussi ils portent des espèces de turbans faits avec la même étoffe que leurs lambas ou des perruques artificielles qui leur servent de casque et les protègent contre les coups de leurs adversaires.

Ils sont très superstitieux et ont une grande confiance dans leurs sorciers. Presque tous portent au front des coquillages qui doivent les rendre invulnérables. Leurs armes se composent de vieux fusils à pierre sans guidon et de de sagaies. Les hommes ne s'en séparent jamais et rien n'est curieux comme de les voir partir armés de pied en cap pour aller extraire de l'or à quelques pas de leur campement.

Cet or, du reste, ils en trouvent en peu de temps de grandes quantités en lavant au moyen d'une battée les sables d alluvion. J'ai vu un Sakalave extraire en 35 minutes pour 8 fr. 50 d'or et quelques-uns m'ont affirmé qu'il leur était arrivé d'en trouver pour des sommes variant entre 50 et 80 fr. en quelques heures.

Ils sont du reste horriblement paresseux et travaillent le moins possible, juste le temps nécessaire pour recueillir la valeur des objets dont ils ont besoin. Ces objets, du riz, de la poudre dont ils font une grande consommation, des cotonnades bleues et des bijoux de toute espèce; coraux, verroteries, piécettes d'argent, etc., ils se les procurent par l'intermédiaire d'Indiens ou d'Arabes qui circulent au milieu d'eux et les leur cèdent à des prix énormes en échange de leur or. Ces Indiens et Arabes agissent pour le compte de maisons de commerce anglaises et américaines établies sur la côte Ouest et qui réalisent ainsi de gros bénéfices.

Sans être particulièrement hostiles aux Français, les Sakalaves, craignant pour leur indépendance, se méfient instinctivement de tous les étrangers.

C'est à grand'peine que nous pûmes obtenir la permission de passer quelques jours au milieu d'eux. Nous avions eu la chance de rencontrer sur notre route l'ancien gouverneur hova de Mahabo, Razafindrazaka qui, depuis la guerre, vivait au milieu des Sakalaves sans avoir voulu reconnaître notre domination.

Très désireux de rentrer en grâce, il était venu nous demander quel accueil lui serait fait s'il retournait à Tananarive et si son pardon lui serait accordé. Nous savions que le Résident d'Antsirabe, M. Alby, avait grand désir de lui voir faire sa soumission; aussi nous pûmes facilement lui promettre de le ramener nous-mêmes et de plaider sa cause s'il nous accompagnait dans notre expédition.

Très ami des Sakalaves dont il a su gagner la confiance en vivant de longues années parmi eux, il nous servit d'interprète, expliquant que nous venions en amis rendre visite à nos frères sakalaves et leur apporter quelques présents. Tous les jours c'était de nouveaux « Kabarys » dans lesquels nous les assurions de notre inaltérable amitié et des bonnes intentions des Français à leur égard. Ces Kabarys traduits en grandes phrases pompeuses se terminaient par des coups de fusil et de revolver tirés dans toutes les directions; c'est pour les Sakalaves un grand signe d'allégresse et la meilleure manière d'honorer les gens. Ce jeu ne laisse pas d'ailleurs d'être dangereux, étant donnée la frénésie avec laquelle ils s'y livrent.

Malgré nos belles protestations, les Sakalaves redoutaient de nous voir nous occuper d'or et cependant nous en brûlions d'envie... Aussi, après plusieurs jours passés à les amadouer, distribuant de menus cadeaux, soignant, au moyen de remèdes anodins, les plaies les plus invraisemblables, car dans l'esprit des Sakalaves tout blanc est un peu sorcier, et par là même doit savoir tout guérir, nous partîmes sous prétexte de chasse pour tenter une petite exploration.

Après avoir reconnu de l'or dans plusieurs endroits nous revenions au camp, mais il nous fallut plier bagages au plus vite, car on nous avait espionnés et nous étions devenus suspects.

Nous aurions voulu pousser jusqu'à la Tsiriby près de la côte, cela nous fut impossible. Mais le peu du pays Sakalave entrevu nous avait émerveillés par sa richesse en or.

Nous n'avons étudié que l'alluvion des rivières; mais il est à supposer que le quartz, qu'on trouve en si grande quantité partout, doit aussi contenir de l'or. Quand pourra-t-on pénétrer dans le pays et exploiter cet or? Là est le problème...

Pour le moment, le moyen le plus sûr serait de faire du commerce avec les Sakalaves avec l'aide d'employés malgaches. Pénétrant chez les Sakalaves sans éveiller leur défiance, ces employés pourraient leur acheter leur or, leur porter les marchandises dont ils auraient besoin et drainer dans les villes du centre ce commerce si lucratif qui se fait avec la côte Ouest à notre grand détriment.

L'or peut s'acheter chez les Sakalaves pour 70 à 80 fr. les 100f. et se revendre en France 95 fr. à la Monnaie.

De plus, le bénéfice à faire sur les marchandises est énorme et nous en eûmes la preuve... Il nous restait environ un tiers des étoffes et menus objets que nous avions apportés comme cadeaux; nous les fîmes vendre et ce tiers nous indemnisa au delà de ce que nous avait coûté la totalité.

Trafiquant avec nous, les Sakalaves apprendront vite à nous connaître; nous pénétrerons insensiblement chez eux, et, une fois assurés de la valeur aurifère et agricole de leur pays, il sera facile de nous y installer définitivement.

Fianarantsoa. — En quittant le pays Sakalave, nous descendîmes par Ambositra à Fianarantsoa où nous recevions du Résident, M. Besson, l'accueil le plus cordial.

J'ai déjà parlé des ressources agricoles du pays Betsileo, mais ce pays a encore l'avantage de posséder des parties qui sont parmi les plus aurifères de l'île. Il y a, comme chez les Sakalaves, de l'or dans l'alluvion de toutes les rivières et plusieurs ingénieurs ont déja découvert des gisements. Des sociétés s'organisent pour cette exploitation et si les résultats sur lesquels on compte sont atteints, quelle fortune ce sera pour cette région et pour le pays tout entier! ce sera bientôt un « rush » de colons venant de tous les pays; les maisons européennes se construiront; la terre prendra de la valeur et le commerce un développement formidable. Ce que l'agriculture avec ses seules ressources mettrait peut-être des siècles à accomplir, l'or peut le faire en quelques années par sa seule puissance. Quand on songe à Johannesburg et à la poussée magique de cette ville sortie en quelques années du néant, il est tentant d'espérer que Fianarantsoa sera bientôt sa sœur cadette et l'avenir du pays apparaît merveilleux.

Quel avantage si nous pouvions enfin avoir à nous un pays riche en or, que nous exploiterons nous-mêmes et où nos capitaux ne seront pas, comme au Transvaal, à la merci des étrangers à qui il nous faut les confier! Ce serait enfin la revanche prise sur les Anglais qui à leur tour devraient nous apporter les leurs.

S'il y a de l'or, rien ne saurait arrêter le développement du pays, ni la pénurie de main-d'œuvre, ni l'insécurité, ni l'administration française, aussi défectueuse soit-elle. Tout ne s'est-il pas fait au Transvaal malgré le gouvernement le plus tracassier, malgré l'hostilité toujours latente et souvent ouverte des propriétaires du sol?

Mais le succès et la fortune seront pour les premiers arrivants. A Madagascar, comme au Transvaal, les bonnes affaires n'auront qu'un temps; heureux ceux qui seront là pour en profiter. Ce seront les premiers capitaux qu'on aura risqué en tremblant qui rapporteront le plus. Souhaitons que ces capitaux soient français pour la plupart, et ne laissons pas les étrangers nous souffler la meilleure part.

N'attendons pas que les nombreux prospecteurs anglais, australiens et américains, qui débarquent là-bas en grand nombre par tous les bateaux, aient déjà constitué des sociétés étrangères et commencé à exploiter pour leur apporter notre argent.

D'ailleurs la salubrité du pays Betsileos, qui est un des plus sains de l'île, et la tranquillité des habitants faciliteront notre tâche. Les Betsileos, quoique soumis aux Hovas, détestaient leurs anciens maîtres et ont vu la conquête française s'accomplir avec bonheur. C'est de toutes les peuplades de l'île celle qui nous est le plus dévouée. La proximité de la côte et la facilité de construire des routes nous aideront encore. Déjà une société a demandé la concession d'une route à péage à établir entre Fianarantsoa et la côte et de la construction d'un port. Nul doute que cette concession demandée sans subvention ne soit accordée; et peut-être la construction d'une voie ferrée ira-t-elle parallèlement avec celle de la route... Les difficultés seront certainement beaucoup moins grandes que pour le tracé du chemin de fer de Tamatave à Tananarive.

Aussi les colons semblent-ils vouloir se précipiter à Fianarantsoa plus vite qu'ailleurs. Les terrains où la ville pourra s'étendre sont achetés aux indigènes et valent déjà trois ou quatre fois plus qu'avant la guerre. Bientôt des hôtels et des maisons se créeront là-bas et il n'est pas téméraire d'affirmer qu'à brève échéance la ville sera la vraie capitale industrielle et commerciale de l'île.

Route de Fianarantsoa à Mananzary. — De Fianarantsoa à la côte on met à peu près cinq jours en filanzane. La route traverse d'abord plusieurs gros villages assez riches, des vallées fertiles propres à l'élevage et on entre dans la forêt qu'on peut traverser en une journée.

La sortie de la forêt présente un des plus beaux spectacles qui se puisse voir. Dans le fond, tout au loin, l'océan qu'on aperçoit forme un immense ruban qui termine l'horizon; à droite et à gauche, partout où l'œil peut s'étendre, on domine un parterre de collines aux formes gracieuses et couvertes d'une végétation exubérante; bambous, fougères, palmiers, orchidées et mille autres plantes au feuillage d'un vert différent et de dessins variés, aux fleurs de mille couleurs. Avec cela, de tous côtés, des rivières sautant de cascade en cascade pour franchir les échelons de montagnes qui conduisent à la côte. Certains coins de la Suisse vus du sommet d'un pic élevé et qu'il faudrait se figurer transportés sous les tropiques peuvent seuls en donner une idée.

Puis, pour ajouter aux charmes du spectacle, des milliers de gracieux animaux qu'on rencontre à chaque pas ; de graves perroquets, perchés sur des arbres, qui vous content en leur langage des histoires sans fin, des nuées de petites perruches vertes qui fuient devant vous comme des volées de moineaux, des aigrettes dont la blancheur de neige tranche sur le vert de rizières, enfin de jolies maques, ces ravissantes bêtes qui sautent de branche en branche en poussant des cris de frayeur.

Ranomafano. — Bientôt on arrive à Ranomafano, située au milieu d'une petite vallée superbe sur les bords de la Namorona. Quelques cases sont construites là au milieu de jolis champs de caféiers et de bananiers, à côté de la rivière qui se précipite en cascades successives d'une hauteur de plus de cent mètres.

Ranomafano est bien connue des bourjanes pour ses sources chaudes d'eaux sulfureuses où ils viennent se baigner en masse. Ces eaux ont, paraît-il, les mêmes propriétés que nos Eaux-Bonnes. Quelle jolie station thermale à établir dans ce paradis de verdure et de fleurs où viendraient de Fianarantsoa se reposer et passer les mois d'hiver les colons fatigués !...

Avant d'atteindre la côte, la route rejoint la rivière du Mananzary à Tsaragatre et il faut deux heures en pirogue pour arriver à la ville et au port de Mananzary ou Masindrano.

Toute cette région, qui souvent se compose de terrains d'alluvions, est d'une fertilité extraordinaire et convient merveilleusement aux cultures tropicales. A mi-hauteur, à une altitude de 400 à 500 mètres, le café arabica pousse admirablement; plus bas, au-dessous de 100 mètres, le café Libéria, le cacao, le caoutchouc et la vanille donneront des résultats magnifiques.

Déjà des plantations superbes sont commencées dans

différents endroits. Sur les rives du Mangoro, au nord de Mananzary, il ne reste que peu de concessions à prendre.

Si les cultures tropicales ne donnent pas des résultats immédiats comme la recherche de l'or, ceux qu'elles donneront au bout de quatre ou cinq ans sont assurés. Des plantations de café et de cacao bien faites et bien dirigées donnent facilement des rendements de 60 à 80 % et parfois bien supérieurs, lorsqu'elles sont en plein rapport. Il y a là un avenir énorme pour toute la région côtière de Madagascar. La proximité de la côte rend les transports faciles et souvent faisables par eau. La main-d'œuvre est bon marché et suffisamment abondante. M. Ponty, l'ancien résident de Mananzary, m'a affirmé qu'il pouvait fournir à tous les colons des ouvriers tant qu'ils en voudraient pour 7 francs par mois. Ces ouvriers sont de la tribu des Antaimours, peuplades douces et tranquilles habitant dans le Sud et qui aiment les travaux de la terre.

Caoutchouc. — Parmi les cultures tropicales, le caoutchouc est une de celles qui semblent le mieux convenir à Madagascar. Il pousse à l'état sauvage dans les forêts du sud de l'île, et des fortunes rapides ont été édifiées ces dernières années par quelques colons audacieux qui ont acheté ce caoutchouc pour presque rien aux indigènes des environs de Fort-Dauphin et l'ont revendu très cher en Europe. Malheureusement les arbres ont été presque entièrement détruits par l'imprévoyance des indigènes : au lieu de faire des incisions aux arbres pour en recueillir la sève, ils les ont coupés par le pied, trouvant ce procédé plus facile. Des essais de culture tentés par deux Anglais de Mananzary, MM. Henderson et Connertan, ont prouvé que le Manhiot ceara, dont la croissance est très rapide et qui commence à rapporter au bout de deux ans, était la meilleure espèce à introduire.

Le caoutchouc a encore l'avantage de pouvoir se cultiver parallèlement avec le cacaoyer. Cet arbuste demande à être protégé par un arbre quelconque contre les ardeurs du soleil, qui nuisent à son développement. Le caoutchouc pourra remplacer les arbres sans valeur qu'on emploie d'habitude et donner en même temps un excellent rapport.

Vanille. — La vanille, qu'on cultive beaucoup à Bourbon et déjà à Madagascar, sera d'un très bon rendement; mais sa culture demande des soins constants et nécessite une main-d'œuvre habile. Du reste, avec de trop grosses plantations, il y aurait vite à craindre la surproduction pour ce produit dont la consommation est limitée.

Canne à sucre. — Quant à la canne à sucre, ses beaux jours sont passés. Elle ne peut plus lutter contre la concurrence qui lui est faite en Europe par les sucres de betterave et sa culture, quoique venant merveilleusement à Madagascar, ne saurait donner de résultats.

Thé. — Le thé pousse aussi admirablement à Madagascar et pourrait y être tenté; mais la visite que j'ai faite, à mon retour, à Ceylan, qui est un des principaux pays producteurs de thé, m'a montré qu'il y avait peu d'avenir pour cette culture. De l'avis même des planteurs de Ceylan, la surproduction du thé et par conséquent la baisse des prix sont imminentes par suite de l'extension énorme donnée à cette culture aux Indes et en Chine, où elle réussit à merveille.

Le café, le caoutchouc, le cacao et la vanille, voilà les cultures tropicales d'avenir pour Madagascar.

A Ceylan, à Java, dans l'Amérique du Sud et dans mille autres endroits, elles ont fait la fortune du pays et des planteurs. Malgré l'appauvrissement du sol et son renchérissement, elles y donnent encore des résultats fabuleux.

Nous avons la chance d'avoir à Madagascar un pays neuf, une terre vierge qui ne demande qu'à produire et des étendues immenses de terrain à acquérir pour presque rien, sachons en profiter.

La Colonisation. — Mais le développement et la réussite des plantations de culture tropicale comme de toute la colonisation dépendront beaucoup de la façon dont nous les entreprendrons. En France, l'idée courante est qu'il ne faut envoyer aux colonies que les gens tarés ou ruinés, qui vont là-bas pour se faire oublier ou cacher leur misère. Quoi d'étonnant à ce que toutes nos colonies végètent? Il n'y va que le rebut de notre population et peu ou pas de capitaux. Et cependant la vie large qu'on peut y mener, les situations auxquelles on peut arriver et l'argent qu'on doit

y gagner, tout cela ne vaut-il pas mieux que suivre indéfiniment en France les sentiers battus, si encombrés déjà, se disputer les places de plus en plus rares où l'on est condamné à végéter la plupart du temps et où l'initiative et la volonté des individus ne peuvent que si difficilement se faire jour?

Il ne faut pas croire cependant, comme on l'a dit quelquefois, que Madagascar puisse être pour nous une colonie de peuplement où nous pourrons envoyer le trop-plein de notre population. Ce serait une grande erreur. Sur la côte, le climat ne permettra pas à l'Européen de travailler lui-même. Pour se bien porter il devra ne pas surmener son organisme par des travaux manuels pénibles. A l'intérieur même, il ne pourra lutter contre la main-d'œuvre indigène qui sera toujours meilleur marché et plus résistante. L'Européen ne pourra donc être que directeur d'entreprise, chef d'atelier ou surveillant. Pour cela il faudra qu'il ait déjà des connaissances théoriques et pratiques. Là-bas, moins qu'ailleurs, il n'y a pas de place pour les gens sans métier, sans connaissances spéciales, fussent-ils animés des meilleures intentions.

De plus, le colon, quel qu'il soit, devra apporter avec lui des capitaux. C'est une condition essentielle sans laquelle les entreprises agricoles elles-mêmes ne sauraient réussir. On aura beau donner au colon nouveau des étendues de terrain immenses, s'il n'a pas d'argent pour les mettre en valeur, il est condamné à un échec certain.

Malheureusement les gens ayant des capitaux sont ceux qui aiment le moins quitter la France, car ils peuvent y vivre plus confortablement. Mais qui les empêche de risquer une partie de ces capitaux dans des sociétés qui enverront là-bas des gens compétents, capables de réussir? D'abord ils retireront presque sûrement un bon profit de ces capitaux, puis ils contribueront à l'œuvre de colonisation et par là feront une œuvre patriotique.

A Madagascar, d'ailleurs, il semble que la façon la plus rationnelle d'établir des plantations de cultures tropicales soit la création de sociétés pouvant disposer d'un gros capital. Une plantation de cultures tropicales ne peut rapporter qu'au bout de quatre ou cinq ans ; les charges sont lourdes pour un seul propriétaire, qui est obligé de dépenser pendant tout ce temps sans récolter.

De plus, la valeur et l'avenir d'une plantation dépendent surtout de la façon dont elle est créée. Des hommes compétents seuls sont capables de mener à bien de pareilles entreprises, surtout dans un pays où tout est à commencer pour ainsi dire et où le nouvel arrivant manque des leçons de l'exemple qui lui sont données par ses voisins dans les colonies plus anciennes. Ces hommes compétents coûtent cher et cela vient en augmentation du capital à débourser. Une société hésitera moins qu'un propriétaire unique à faire les dépenses utiles pour assurer le succès de l'entreprise.

Du reste, les Anglais, qui sont nos maîtres toutes les fois qu'il s'agit de colonisation, n'agissent pas autrement. A Ceylan, aux Indes, au Natal et ailleurs, presque toutes les plantations appartiennent à des sociétés puissantes qui souvent possèdent plusieurs plantations au même endroit.

En résumé, Madagascar, dont on a tant médit et qu'on a beaucoup calomnié, peut devenir à brève échéance une de nos meilleures colonies. La variété de ses terrains et de son climat, les richesses minières qui y abondent en font un des pays les plus complets du monde.

L'or fera plus pour son développement que tout le reste. Dans l'afflux des colons et des capitaux qu'il attirera, beaucoup retomberont sur la terre. Son plus grand mérite sera peut-être un jour d'avoir contribué à mettre en valeur les ressources agricoles du pays, qui, elles du moins, sont inépuisables et en feront la vraie richesse : l'or peut n'avoir qu'un temps, la production agricole dure toujours.

Mon voyage, que j'ai terminé par Maurice et Ceylan, m'a fait toucher du doigt combien nous étions en retard sur nos voisins les Anglais.

Pourquoi Maurice, depuis qu'il est anglais, est-il plus prospère que Bourbon, bien que cette dernière colonie lui soit supérieure comme terrain? Pourquoi son port est-il plus animé, son commerce plus florissant? C'est que les Anglais vont davantage à Maurice que les Français à Bourbons et que, connaissant leur colonie ils s'y intéressent et lui apportent leur argent. Pourquoi Ceylan dont le climat est plus malsain que Madagascar, dont le sol est épuisé par les récoltes intensives qu'on en a tirées, est-il encore considéré comme une des plus belles colonies de l'Océan Indien? Parce que des sociétés puissantes, des gens intelligents y étaient installés et le jour où les plantations de café ont périclité, on a eu le courage de les supprimer de suite pour les remplacer par des plantations de thé dont la richesse fait l'admiration de tous les visiteurs.

Madagascar vaut mieux que Maurice; il vaut autant dans certaines parties que Ceylan; il a ses richesses minières en plus : saurons-nous en tirer bon parti?

HENRI GINDRE.

www.ingramcontent.com/pod-product-compliance
Ingram Content Group UK Ltd.
Pitfield, Milton Keynes, MK11 3LW, UK
UKHW021137230726
13926UKWH00002B/858